海部俊樹 回想録

自我作古《われをもっていにしえとなす》

垣見洋樹／編

はじめに

中日新聞前社会部長　島田佳幸

政治とは本来、まず何よりも「言葉」だと思います。自分の考えを自分の言葉で語る。それこそが政治家の本質であるべきです。

例えば、二〇〇四年夏、米国ボストンでの民主党大会の話をしましょう。基調演説の演壇にいたのは一人の若い政治家。一州議会議員に過ぎなかった彼は、力強く「一つのアメリカ」の理想を語り、聞く人を酔わせました。

彼は、この時のたった十八分の演説で、一躍、全国区の注目株になったのです。米国史上初の黒人大統領となったのは、それからわずか四年後。そう、彼とは、バラク・オバマ氏です。翻って、どうしたものか、わが国には、有力政治家に「演説が不得意」な人が少なくありません。国民に語る＝オン・ザ・テーブルより、語らない＝アンダー・ザ・テーブルで何事かを進める方が得意、というのはいささか政治の本義にはずれる気がするのですが。

さて、そういう意味では、本書の〝主人公〟海部俊樹さんは、わが国では少し珍しいタイプの政治家だったのかもしれません。大学時代に弁論部で鍛え、自ら「演説が武器」と語って憚らない政治家だったのですから。

本書は、そんな海部さんの回想録です。貴重な経験をお聞きしたいとお願いし、中日新聞紙上で、計五十七回にわたって連載した記事を基に書籍化したものです。齢八十を超えてなお矍鑠《かくしゃく》、来し方を振り返る弁舌も滑らかだったと、取材を担当した前社会部の垣見洋樹記者も言います。

名古屋の写真館の長男として生まれた少年が、やがて青年政治家として頭角を現し、ついには内閣総理大臣にまで登り詰める。一つのサクセスストーリーでありつつ、時に激しく生々しい政治ドラマであり、同時に、中央政界の一つの時代の重要な記録にもなっていると思います。回想の中で、印象に残った話の一つが、米ヒューストンで開かれた先進国首脳会議で、海部さんが見事なジョークを飛ばしたという一件です。どれぐらい受けたかは、当時のブッシュ米大統領やサッチャー英首相らが大笑いしている、まさにその瞬間をとらえた写真で窺えます。ユーモアの精神が乏しいと評されがちな日本の政治家にしては、これも、珍しいことかもしれません。ある意味、「言葉の政治家」の面目躍如でしょう。で、どんなジョークだったか?

それは、本文でお読み下さい。

海部俊樹　回想録

自我作古《われをもっていにしえとなす》

目次

第3章　出世の階段

第4章　総理の日々

第5章　湾岸戦争

第6章　世界の首脳との交流

第1章　総理への道

1　突然の浮上「もう、君しかいない」

一九八九年夏。あれは、ぐずついた空模様の日だった。国会の前庭近くを歩いていると、恰幅《かっぷく》のいい男性が車からどどっどっと降りてきて、私を手招きしている。「海部君、聞いたか。えらいことになるぞ。断るなよ」。田村元《はじめ》さんがいきなり言った。兄貴分の田村さんは、三重県選出の元衆院議長（二〇一四年死去）だ。

私が戸惑いつつ「何ですか」と聞くと、「君が総裁になるんだよ」。唐突な話に頭が真っ白になった。「本当ですか」と聞き返したが、田村さんは去った。確か七月二十八日だと思う。五十八歳、国会議員になって十期目のことだった。

――リクルート問題や首相・宇野宗佑《そうすけ》氏（一九九八年死去）自身の女性スキャンダル、消費税導入――。世論の反発を買った自民党は七月の参院選で惨敗。宇野氏は首相就任三カ月で退陣を表明した。結党以来の危機の中、最小派閥のナンバー2でしかない海部氏が突如、総裁選の本命に浮上した。党内の相次ぐ不祥事の中、巧みな弁舌と清新なキャラクターで総理大臣に上り詰めた瞬間だ。時代は昭和から平成への転換期。湾岸戦争では日本の国際貢献をめぐって困難な対応を迫られ、国内では党の信頼を取り戻すべく奔走することとなる。

政界を引退した今もなお、文化・スポーツ団体の役員として旺盛に活動する海部氏に、まず本章では「総理への道」について、その半生を振り返ってもらう。

政治家になった以上、「いつかは総理」の夢はあった。でも、わが派閥の領袖《りょうしゅう》、河本《こうもと》敏夫さん（二〇〇一年死去）は二度総裁選に出馬し、涙をのんでいる。総裁就任に意欲を燃やす先輩を差し置き、手を挙げるわけにはいかなかった。

河本さんはリクルート事件に絡んでいない唯一の派閥領袖だったが、七十八歳と高齢で「笑わん殿下」のあだ名通り明るくはない。窮地の自民党の次期総選挙を戦う「顔」には不適だと、金丸信《かねまるしん》さん（一九九六年死去）、安倍晋太郎さん（九一年死去）らが河本さんに、出馬を思いとどまるよう説得にかかった。

ある朝、河本さんに呼ばれた。「海部さん、おやりなさい。総裁をお受けなさい」。表情を押し殺したような顔だった。

——総裁候補として、下馬評では五番手程度だった海部氏が指名されたのは、若く、清新なイメージが選挙の顔にふさわしいことに加え、リクルート事件に絡んでいないことが決定的な要因だった。本命の安倍晋太郎、渡辺美智雄《みちお》（九五年死去）、宮沢喜一《きいち》（二〇〇七年

次代のリーダーと言われた海部氏は突如、自民党総裁候補に浮上した＝1989年4月

死去）の各氏はリクルートの不動産会社の未公開株を受け取っており、党の役職を辞退する「謹慎中」だった。

未公開株譲渡の話はうちの事務所にもあった。秘書がこう言ってきてね。「リクルートが未公開株を買ってくれ、と言ってます。資金がなければ、お金も出すと言ってます」。だが、私は「やめとけ」と応えたんだ。

実は、過去の五年でリクルートから献金やパーティー券などで千四百四十万円も援助してもらっていたんだ。それで十分だと思った。年に百万円でさえ献金してくれる企業はほぼなかったからね。

カネはのどから手が出るほど欲しかった。当時の議員は若手にカネを配らないと、面倒見が悪いと評判を落とす時代。札束は三百万円分を束ねればしっかり立つ。「立つほどのカネを渡さなけりゃ感謝されない」とささやかれていた。実家はごく普通の写真館だったから、どこかに金づるが欲しかった。

でも、リクルートの金の配り方は荒っぽすぎた。ずぶずぶの関係になっても具合が悪い。心の中のもう一人の自分が「やめておきなさい」と言った。あのときの判断が運命の分かれ目だったと思う。

（メモ）リクルート事件　情報関連企業のリクルート社幹部が政・官・財界の要人に値上

がり確実なグループ不動産会社リクルートコスモス（現・コスモスイニシア）の未公開株を配り、東京地検特捜部が贈収賄事件として立件した。創業者の故江副浩正氏ら贈賄側の4人、故藤波孝生元官房長官ら収賄側8人の計12人全員の有罪が確定した。戦後の日本でロッキード事件と並ぶ大疑獄事件。

2　家族と八ケ岳へ　妻、とうとう折れる

——海部氏が自民党総裁候補に浮上してから、東京・三番町の自宅マンションの電話は早朝から深夜まで鳴りっぱなし。ひっきりなしに議員や記者がやってきた。騒ぎに弱る家族を見かねた海部氏は、二歳下の妻、幸世《さちよ》さん、テレビ局に勤めている三十歳の長男正樹《まさき》さん、息子の四つ下の長女睦《むつみ》さんを車に乗せ、八ケ岳のふもと、標高千五百メートルにあるホテルに向かって走りだした。一九八九年、七月二十九日のことだ。

事前に開いた家族会議では、総裁就任に全員が反対した。妻には「あなた正気？　これだけ苦労して代議士をやってるんだから、それでいいじゃない」とたしなめられた。

妻はさらに過去の総理を持ち出し「宇野宗佑さん、あの人、幸せだったと思う？　それから、田中角栄さん（九三年死去）ほどお金があるの？」とたたみかけてきた。

「俺はその二人とは違う。海部流でやるよ。分かりやすく、きれいな政治。それが俺のやり方だ」

「あなたは口がうまいから、いつもそうやって言いくるめる。でも嫌よ」

妻の言い分はよく分かる。でも、娘の発言には参った。「お父さんはお母さんを大事にしていないからダメ」

代議士になってからというもの、妻は選挙区の支援者に対応するため、東京暮らしの私と離れ、一宮市に住んでもらっていた。一宮は、既に亡くなられたが、秘書として奉公した代議士夫妻、河野金昇さん、孝子さんから譲り受けた地盤だった。娘は小学生のころから東京の議員宿舎で私と同居し、彼女なりに身の回りの世話をしてくれた。家族に大きな犠牲を強いているのは間違いなかった。

ホテルでゆったりと過ごしながらも、妻にどれほど大切にしてきたかを訴えた。「外国へ行くときはヨーロッパでもアメリカでも、どこでも君を連れていったじゃないか。欲しいものはネックレスでも指輪でも、なけなしの金をはたいて買ってあげたじゃないか」

痛烈にはね返された。「もらったものは全部のしを付けて返すから、総裁はやめてちょうだい」

八ケ岳のホテルで家族とくつろぐ海部氏（右端）。左から妻幸世さん、長男正樹さん、長女睦さん＝長野県南牧村で

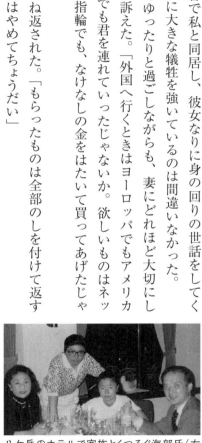

こうなったら我慢比べだ。私はしぶとくささやきかけた。「俺も政治家として死ななきゃならんのだから、その前に精いっぱいのことをしたい」。命を懸けて党再生に取り組みたいという気持ちは本心だった。

二泊し、東京へ帰る車中でとうとう妻が折れた。「しつこい人ね。仕方ないわ。あなたのやりたいことをおやりなさい」。嵐はやみ、高原に薄明かりが差し込んでいた。

3 一夜漬けの総裁選 本当に務まるのか

——自民党総裁選出馬への家族の了解を取り付けた海部氏は、竹下派など主要派閥の支持もあり、体制は盤石とみられた。だが、いざ総裁選が近づくと、不安がその頭をよぎった。閣僚経験は文部大臣の二回のみで、党三役も未経験。総裁候補としては異例だった。

「本当に総理・総裁を務められるだろうか」。気弱な考えが頭をもたげてきた。宇野宗佑総理の退陣表明から九日後の八九年八月二日、出馬会見を開いた。「極めて責任が大きく、重いということをひしひしと感じております」。声がかすれそうになっていた。

文部大臣や官房副長官などは務めたが、「総理」を具体的に考えたことはなかった。その前に経験したいことがたくさんあった。派閥の領袖《りょうしゅう》、河本《こうもと》敏夫さんには「経済閣僚をやらせてください」と頼んでいた。

若手に総理の道を譲ることになるベテランはやっかんだ。「外務大臣や大蔵大臣の経験がない」「心さえ正しけりゃできる文部大臣しかやっておらん」

そこで連日、ホテルにこもり、自分の信頼する学識経験者や評論家、官僚の話を聞き、政策をまとめた。母校、早稲田大の西原春夫総長、政治学者のジェラルド・カーティスさんや、今は故人となられた評論家の内田健三《けんぞう》さんらが来てくれた。

派閥領袖の河本敏夫氏（右）の承認を得て、自民党総裁選への出馬を表明した＝1989年8月、東京・三番町の河本派事務所で

導入の経緯をめぐり国民の批判が強かった消費税、内政、外交まで幅広く質問した。やはり、国民は消費者を大切にする公正な社会を求めている、という話だった。国民の声を聞き、リクルート事件のけじめをつけ、政治改革に努めなくてはならない。対外的には、巨額の対米貿易黒字でぎくしゃくする日米関係の改善が課題、と識者らは指摘した。

総裁選では、最小派閥の河本派だけでなく、主要派閥の竹下派や安倍派が私の支持に回り、「どうせ竹下派の言いなりになるのだから、操り人形と言われるぞ」との陰口もたたかれた。確かに「権力の二重構造」はある程度予想されたが、乗り切る自信もあった。

早大雄弁会、自民党青年局から続く党内人脈は豊富だった。いずれも総理を務めた竹下登氏（二〇〇〇年死去）や小渕恵三氏（同年死去）、今、東京五輪組織委員会会長も務めている森喜朗氏らは、派閥を超えて情報を教えてくれた。選挙のたびに応援演説に駆け付けた「貸し」もあり、協力関係は出来上がっていた。

野党にも幅広い人脈があった。若いころから、与野党間の調整に汗を流す議院運営委員や国会対策委員といった「黒子役」を長く務めたことで、社会党、民社党、公明党にも本音で語れる仲間がいたのだ。

4 総裁の椅子 すべてをささげる

――一九八九年八月八日に迫った自民党総裁選挙。海部氏にとって、最大の心配の種は、本当に票を集められるかどうかだった。

対抗馬は先ごろ、日本維新の会分党で話題になった石原慎太郎さん。かつて参院選で三百万票を集めた人気者で、怖い存在だった。ひょっとすると負けてしまうのではと思い、総裁選挙で投票権のある都道府県連の代表に連日、電話をして支持を取り付けていった。

心配する私をよそに、竹下登さん（元総理）は終始、にこやかだった。「絶対負けやせんから、ええから安心して頑張れや」。当時、「一致団結箱弁当」と言われた竹下派の結束は固く、海部支持で揺らぐことはなかった。竹下さんは票読みの詳細まで教えてくれた。

――八月八日。東京・永田町の自民党本部八階大ホールで、海部氏は総裁選挙に臨んでいた。党再生のリーダーを選ぶ決戦に、各地から大勢の党員が集まり、ホールは人であふれ返った。

候補者は海部、石原慎太郎、後に大蔵大臣を務める林義郎《はやしよしろう》（元衆院議員）の三氏。投票結果は海部二百七十九票、林百二十票、石原四十八票だった。

人いきれでむっとする空気の中、乾いた声が響き渡った。「海部君二百七十九票、よって、海部君が当選者に決しました」。午後一時五十七分、選管委員長が結果を読み上げた。

割れんばかりの拍手とどよめきが広がった。会場の中央にいた私は立ち上がり、壇上に向かった。急にのどがからからに渇いて、演壇にいくまでの間、「水を飲まなければいかん」と思いながら歩いた。

全身に電流が走るような衝撃、経験したことのない感動を覚えた。「身に余る光栄だと思います。粗削りなところ、至らないところはありますが、今日までの経験、政治への志のす

林義郎氏、石原慎太郎氏を破って自民党総裁に就任した＝1989年8月、東京・永田町の自民党本部で

べてをささげ、党のために頑張ります」。のどから声を振り絞った。

小派閥の私が最多得票ということは、ほとんどが竹下派や安倍派といった他派閥からの票。ありがたいことだと思った。石原さんは案外、伸びなかった。直前に推薦人が辞退するなど内紛があったようだ。彼は鼻っ柱が強いから、嫌気が差した人がいたのかもしれない。

階段で四階まで下り、総裁室に入った。総裁の椅子は黒の革張りで背もたれがある。座って、右から、正面から、左からと、順に写真を撮った。

自民党の国会議員ならだれもがあこがれるこの椅子も、普通の椅子とあまり変わりないな、というのが正直な印象だった。

5 三木先生の思い出　クリーンさ背負う

——宇野宗佑氏（一九九八年死去）の首相退陣を受け、主要派閥の後押しによって海部氏のもとへ転がり込んできた自民党総裁の椅子。

八九年八月九日午後二時二十五分。黒い革張りの椅子に初めて腰を下ろしたとき、ふと、亡き恩師、三木武夫先生（八八年死去）の声がよみがえった。三木先生は総裁になるとき「十字架を背負っていく」とおっしゃった。

小派閥を率いていた三木先生は、政敵・田中角栄総理の退陣に伴い、当時の椎名悦三郎《しいなえつさぶろう》（七九年死去）副総裁による裁定という異例の形で念願の総理就任を果たした。ところが、ロッキード事件の徹底究明など、金権腐敗政治を改革しようとしたことが党内の反発を招き、総理の座を追われてしまう。

クリーンさを買われて小派閥から総裁になったこと、政治改革が退陣の引き金になったところは、私がたどった総裁就任の道とうり二つ。同じ星の下に生まれたのではないかと思う。

ところで、弱小と言われた派閥から私が党総裁に選ばれ、総理になることが決まると、仲間が他派閥に、海部をしっかり支えてくれと頼みに回ってくれた。

確か伊藤宗一郎、谷川一穂《かずお》、丹羽兵助《ひょうすけ》さんの三人が中心だったはずだ。かつて三木内閣誕生の時に、毛利松平《まつへい》、丹羽兵助、森山欽司さんが実力者といわれる人たちに頭を下げ、挨拶回りをしたことから「お辞儀《じぎ》三人衆」と書かれたことかあったが、私の時もいうならば「新・お辞儀三人衆」がいたのだ。

椅子の上で、こんなことも思い出した。私は昭和六（一九三一）年一月二日、日の出と同じ時間に、おぎゃあと生まれた。取り上げた助産師や母・富《ふ》さの口癖は「日の出とともに生まれた男の子だ。

58歳で自民党総裁の椅子に就いた＝東京・永田町の自民党本部で、1989年9月撮影

大事に育てりゃ偉くなるよ」。母親には「だから俊《とし》ちゃん、あんたは人をいじめたり、うそを言ってはいかん」と言われて育った。

長男の大成を無邪気に信じていた母は、私が総理の座に就く姿を見ることもなく他界した。総理になった翌日、すぐ組閣に取り掛かった。私は小派閥に属していたから、政権基盤は強くない。有力派閥からの入閣要請には、ある程度応えざるを得なかった。

議員の中には、私の事務所まで押しかけて自分を売り込む者もいたし、「派閥の領袖《りょうしゅう》から推薦された」とうそをつく者もいた。閣僚ポストをめぐる争いは、すさまじいものがあった。

組閣に当たり、二つの方針を貫いた。リクルート事件に関係した人は入閣を断った。そのために嫌みを言われ、うらみを買ったが、政治不信の払拭《ふっしょく》が新内閣の使命であるから、受け入れてもらうしかない。

もう一つは女性の起用だった。女性閣僚は過去、通算で三人しかいなかったが、思い切って二人を同時に起用した。導入間もない消費税への批判が強く、台所や子育てが分かる「家庭の大蔵大臣」を大切にしなければならないと、私が目を付けていた民間人女性に声を掛けることにした。

6 2人の女性閣僚　苦労した党内説得

——自民党総裁選挙翌日の一九八九年八月九日朝。党総裁に就任した海部氏は長野県飯田市在住の気鋭の経済評論家、高原須美子《たかはらすみこ》氏（二〇〇一年死去）に電話をかけた。

「あなたを閣僚にと思うので、考えてほしい」。わずかに面識があるという程度の間柄だったので、高原さんは戸惑っていた。だが午後、もう一度「とにかく、東京に出てきて」と電話をかけた。

実は、閣僚就任を「考えて」とは言ったが、最後まで正式に就任をお願いしなかった。正式に依頼してしまうと、不測の事態が起きても撤回できない。

まして、この日の朝、私はまだ総理大臣ではなかった。自民党が過半数を占める衆議院で私が首相指名されたものの、過半数を割っていた参議院は社会党委員長の土井たか子さん（元衆院議長、二〇一四年死去）を指名。両院協議会を経て、ようやく総理大臣になった。

午後十時すぎ、高原さんに経済企画庁長官に決まったことを告げた。高原さんは後に、「閣僚入りを『考えてほしい』と言われただけで、総理から正式に閣僚に『なってほしい』とは言われなかった」と口をとがらせた。

高原さんのことは、テレビの討論番組を見て知った。彼女は、政府が大事にすべきなのは台所の経済という考えだった。企業や農家といった生産者にばかり目を向けてきた政治に、消費者目線を採り入れるべきだと語っていた。私の考えとぴったり一致していたので、民間人女性初の閣僚にもってこいだと考えた。

後で聞いたことだが、閣僚就任を「考えて」と打診された高原さんが夫に相談したところ、「やめとけ、やめとけ。短期政権の内閣に付き合うことはない」と言われたそうだ。

もう一人の閣僚は、女性キャリア官僚の草分け的存在として活躍した森山真弓《もりやままゆみ》さん（元衆参両議員）で、環境庁長官をお願いした。

彼女が労働省の労政局労政課長のころ、私は労働政務次官だったので仕事ぶりは知っていた。パリの経済協力開発機構総会でも物おじせずに発言するので、ひそかに感心していた。

ただ、歴代内閣で計三人しかいなかった女性閣僚を、一気に二人も入閣させるにあたって、党内の説得には苦労した。従来のような派閥力学や当選回数に準じた組閣なら、割り振られるはずの閣僚ポストが一部、削られることになったからだ。

首相として、歴代の内閣で3人しかいなかった女性閣僚を同時に2人起用した。左が高原須美子経済企画庁長官、中央が森山真弓環境庁長官＝1989年8月

森山さんは当選二回。当時は参議院議員の閣僚は当選三回以上という暗黙のルールがあったため、一部議員からは「順番が狂う」と随分文句を言われた。

前例のない人事がまかり通ったのは、次の総選挙までに何としても党を立て直さなければならない非常事態だったからだろう。

7 事実無根の隠し子スキャンダル 収束後、別の火の手

――海部氏が総理大臣に上り詰めようとしていたころ、その前途を遮るかのように、隠し子がいるというスキャンダルが噴き出した。

地元の夕刊紙、名古屋タイムズ（現在は休刊）にその記事は載った。ちょうど自民党総裁選に向かって準備を整える矢先。一面に「海部さんに隠し子醜聞」と出た。相手は、北海道小樽市出身で花屋の娘。写真会社のモデル経験者と書いてあった。

日ごろ、あまり怒らない私もさすがに頭に血が上った。記者会見では「不愉快を通り越して、憤りを感じる」と言い、名古屋タイムズ社に訂正と謝罪を求めた。名誉毀損《きそん》で訴えようかとも考えた。ところが、周囲の人たちは私をいさめた。「こんなことで腹を立ててとっちゃあ大人物じゃない。腹に収めとけ」。結局、初報から十日後に訂正記事が出た。

後で聞くと、うわさは私の選挙区、一宮市の市会議員から出たということだった。確かに、小樽には早稲田大学雄弁会時代の友人がいて、行ったことはある。そこに花屋があることも知っていた。だが、それ以上の事実は何もない。一言で言えば、いやらしい作文だ。

――海部氏を襲ったスキャンダルは無実として収束したが、後日、他の場所から火の手が上がった。海部内閣の要となる官房長官・山下徳夫氏（二〇一四年死去）の女性問題が週刊誌で報じられた。約五年前に知り合った当時二十一歳のホステスと三年半交際し、長官就任直前に現金三百万円を渡したという内容だった。

総理になって初の静養先だった八ケ岳高原のホテルにいたとき、電話で山下さんの情報を伝えてくれる人がいた。まさか、と思ってすぐ確認すると、作り話ではなかった。本人もすぐ認め、「迷惑をかけるから辞める」と言った。

女房役の官房長官に私が指名しただけに、直後の辞任は内閣の正統性にもかかわる。できれば温存したかったが、涙をのんで身を引いてもらった。後任には環境庁長官になったばかりの森山真弓さんを指名した。しかし、森山さんは「私のような者にそんなことを。非常識です」と抵抗した。官房長官は内閣の顔であり、ベテラン議員が就任するのが通例だったか

閣議に臨む山下徳夫官房長官（左）と＝1989年、首相官邸で

らだ。

「僕がこの執務室に座って総理大臣というのだって、今までの考え方からすれば非常識なんです。自民党は今、大変な危機で、常識だの、非常識だのと言っている場合じゃない」。そう言って説き伏せた。

正直に言えば、女性の官房長官ならこれ以上、女性問題は起こらないだろうという計算もあった。

8　参院茨城補選「もっと真剣に」と喝

——海部政権の実力が試された初の国政選挙は、総理就任二カ月後の一九八九年十月。岩上二郎《いわかみにろう》参院議員の死去に伴って行われた茨城補選だった。逆風下の自民党が失地を回復するチャンスだったが、候補者調整に難航。党県連が県議を担ぎ出すと、岩上氏の妻妙子氏（二〇〇〇年死去）が自民党を離党しての出馬を表明。分裂を避けるため、妙子氏に降りてもらうよう総理自ら説得した。

参院選茨城補選では3度、現地で応援。自民党候補を勝利に導いた＝1989年9月

妙子さんは「支持者が納得しない」の一点張りだった。妙子さんは、小沢一郎幹事長（現・生活の党と山本太郎となかまたち代表）とも話し合い、翌日、もう一度官邸に来てもらった。なりふり構わない説得工作だった。実ったのは告示日前日。ついに、妙子さんが吹っ切れたような顔になった。

「主人が息を引き取ったとき、海部先生がいちばん早く病院に駆け付けて『まだぬくもりがあるようだ』と言葉を掛けてくださったことは忘れません。私が身を引くことですっきりするなら、どうぞ精いっぱいやってください」

妙子さんがこだわっていたのは、ご主人の岩上さんが生涯を懸けて取り組んだ仕事のことだった。

岩上さんは、日本では重視されていなかった歴史的文書の保存に心血を注いでいた。議員立法で公文書館法を制定し、国や自治体に公文書保存の義務があることを認めさせた。さらに、法律の充実を目指そうとしていたときに亡くなり、妙子さんはその遺志を継ぐ腹積もりだった。

私が「ご主人のやりかけた仕事を受け継ぎます」と約束したことで、胸のつかえが少しはとれたのだろう。

いざ補選が始まると、私は現地へ三度も応援に行った。党内では「総理が三回も行って、落選でもしたら出ばなをくじかれるぞ」と冷やかされた。

茨城で演説をして、国会へとんぼ返りして委員会答弁をしたときは、野党から「総理お帰りなさい。随分ごゆっくりでしたね」と嫌みを言われた。

しかし、構ってはいられない。海部政権の行方を占う選挙だったし、先立って行われた七月の参院比例選の得票は、茨城県政史上、初めて自民党が社会党を下回っていた。

しかも、候補者の県議は知名度がなく、苦戦が予想されていた。私が「君ももっと真剣に投票をお願いしろ」と怒鳴ったぐらいだ。それでも、ふたを開ければ社会党の候補に七万票の差をつけ、圧勝だった。

——時事通信による海部内閣の支持率は発足当初、歴代で宇野内閣に次いで低い27・5パーセントだったが、十月には36・0パーセントにまで浮上した。その月の総裁選挙で、海部氏は対抗馬なしで再選される。脆弱《ぜいじゃく》と言われた海部政権が徐々に軌道に乗り始めていた。

第2章　志を抱いて

1 写真館の長男　屈辱 ポロポロと涙

——一九三一（昭和六）年一月二日、海部氏は現在の名古屋市東区東桜一、旧七曲町《ななまがり》にあった実家で生まれた。父は誠也《せいや》さん、母は富《ふ》ささんで、六人兄弟の二番目。長姉に次ぐ長男だった。家業は祖父、幸之進《こうのしん》さんが一八八九（明治二十二）年に創業した「中村写真館」。店は現在の松坂屋名古屋店（同市中区栄三）北側にあり、比較的裕福な家庭だった。

のどかな時代だった。名古屋のど真ん中といっても、閑所《かんしょ》と呼ばれた細い路地があって毎日、仲間と遊んでいた。夕方になると、ステテコ姿の近所のおじさんが出てきて「晩ご飯だぞーっ」と言ったら、みんな家に帰っていく。

私は、わんぱくな方だった。家から持ってきた木刀や模擬刀をみんなに渡し、「やっちゃえ」と、隣町の子とけんかしたこともあった。そういうことを率先してやっていたから、よく母親に叱られたものだ。

小学校は、現在の久屋《ひさや》大通にあった南久屋小学校。通信簿は甲、乙、丙、丁の四段階で、乙が二つか三つであとは全部甲。自分としては勉強はできる方だと自負していたし、級長もやっていた。

ところが、中学入試で思わぬ屈辱を味わった。愛知一中（現・県立旭丘《あさひがおか》高校）を受けて、落っこちた。母親と合格発表を見に行ったが、どこにも私の受験番号がない。同じ学校から受けた十一人のうち九人が受かって、落ちたのは私を含めて二人。日ごろ、私の方が勉強はできると思っていた友達までが「(番号が)あった、あった」と手をたたいて喜んでいる。私の両目からはポロポロと涙がこぼれてきた。

母親が「泣くほど悔しいなら、もっと勉強しなさい」と、私の腕を引っ張って敷地の外へ出た。私はいたたまれなかったので、母に引っ張られて「助かった」と思ったことを覚えている。

小学校時代、近所の子どもとこまを回して遊ぶ海部氏(右)

家に帰り、父親にも「男がめそめそ泣くもんじゃない」と叱られた。だが、父親は励ましてもくれた。「人生は百メートル競走じゃない。もっと長いんだ。今負けていたとしても、抜き返せばいいじゃないか」。それで気を取り直し、私立の旧制東海中学(現・東海中学・高校)へ進んだ。

私にとって最初の関門は「落選」だったが、それはそれで良かったような気もする。人間は傲慢《ごうまん》というのが一番悪い病気だと、身に染みて分かった。受験に失敗してから何事にも用心深くなり、大人になってからの選挙では十六回連続で当選を果たしたのだから。

2　14歳の戦争体験　天井から焼夷弾が

一九四五（昭和二十）年春。あの日は確か、空襲警報のけたたましいサイレンが鳴っていた。家族と自宅で身を潜めていると、上空でシュルシュルシュルシュルという空気を切り裂く不気味な音がする。その直後、焼夷弾《しょういだん》が天井を突き破って家の中にドーンと落ちてきた。五十センチぐらいの細長い弾だった。一歩間違えれば直撃だ。恐ろしかったよ。

――一九四三年の四月、私立の旧制東海中学に入学した海部氏。十二歳のことだ。しかし、太平洋戦争の戦況悪化によって勉強どころではなかった。授業はなく、学徒動員で名古屋市東区大幸《だいこう》町にあった三菱重工業の工場で、航空機のエンジン部品造りに明け暮れた。四五年三月ごろには、米軍による市街地への空襲が激しくなった。

落ちた焼夷弾がボーッと火を噴くから、常備してあった「消火弾」を投げたり、ふとんを上からかぶせたり、必死で火を消した。

幸い、家族は全員無事だった。でも、その後の空襲で家が焼けてしまったから、母親の知り合いを頼って平和村（現・稲沢市）まで疎開した。電車は止まっていたから、ザックを背負って十五キロぐらい、とぼとぼと歩いたんだ。

その後は、西枇杷島《にしびわじま》町（現・清須市）にあった三菱重工業の工場に通って、また航空機のエンジン部品造りをやらされた。

左手に細長い鏨《たがね》という工具を持って、右手に持ったハンマーで鏨の頭をたたいて針金を切る。不慣れだから手元が狂って、しょっちゅう左手をたたいてしまう。これが痛い。すると、監督官から「注意力が散漫で脇見をするとそうなる。精神一到何事か成らざらん」なんて、よく叱られたな。

鏨をたたいたり、空襲警報のたびに防空壕《ぼうくうごう》に入ったり、出たりで、逃げるばかりの無力な地上の暮らしが嫌になってきた。それで陸軍少年飛行兵を志願した。「僕が空の上でお母さんたちを守ってあげる」なんて格好いいことを言ってね。母親は何度も「行っちゃいかん」と止めたけど、決意は固かった。

一九四五年、飛行兵学校に合格し、十月に入校することが決まった。でも、その前に日本は敗戦した。昭和天皇が国民に降伏を伝えた玉音放送は工場で聞いた。ラジオの音が割れてよく聞こえなかったけど、負けたことは分かった。少しホッとしたことを覚えている。

戦地に行くことはなかったけれど、戦争の体験は十四歳の心に大きな爪痕を残した。「二度と繰り返してはならない」と心から思った。それは、後に国会議員となり、総理大臣になって、あらゆる政策を考えるとき、常に私の根底にあった。

少年航空兵として入隊が決まり、伊勢神宮に参拝した折、夫婦岩をバックに中学の同級生と記念撮影。海部氏（右）

3　弁論大会で優勝　不良少年が一躍脚光を

一九四五（昭和二十）年八月、日本は敗戦した。焼失を免れた中学校は、間もなく授業を再開したが、私はいつも、授業をサボって校舎の屋上で仲間とたむろしていた。配給制で家に配られるたばこを持ち寄って、ぷかりと白い煙を浮かべた。別にたばこが好きだったわけじゃない。無性に込み上げてくる反抗心がそんな態度に表れたんだ。

戦争を境に、大人というものが信じられなくなった。ついこの間まで「鬼畜《きちく》米英」と唱えていた先生たちが、アメリカの民主主義を礼賛する。戦後、百八十度変わった教育方針に、先生たち自身が戸惑っているようだった。

ほかにも、がっかりする出来事があった。生徒が一生懸命に畑で育てたサツマイモが校庭に積んであったのだけれど、それをある日、一人の先生が勝手に持ち帰ったところをある生徒に見つかった。

絶対的な存在だった先生が信じられなくなって、まじめに授業を受ける気持ちが消えうせていった。

――太平洋戦争での日本の敗北は、十四歳だった海部氏の心に大きな傷を残した。空襲で家を焼かれ、父が営む写真館も失った。それと同時に、戦前の価値観が音を立てて崩れ去った。

われわれの授業放棄はすぐに発覚し、お目付け役の林霊法《れいほう》先生（故人）に呼び出された。当然、停学ぐらい食らうだろうと思ったら、思わぬ提案が待っていた。「そんなに暇があるなら、君ら、弁論大会に出たらどうだ」

林先生は、鬱屈《うっくつ》とした気持ちのはけ口を探してくれていたのだろうか。私はその提案に乗ることにした。

演説のテーマにしたのは「平和国家建設と我ら」。軍国主義によって近隣に迷惑をかけた日本は平和国家、文化国家に生まれ変わって世界に貢献するべきだ、なんていう演説を、林先生の指導を受けながら練り上げた。

先生は、何冊かの本を貸してくれた。ただし、本に書いてあった通りに演説をするのは最低だ、と。自分で原稿を何回も書き直して、言葉を自分のものにする。そうして話さなければ説得力も迫力も出てこない、という教えだった。

私は、初めて出た県内の中学生弁論大会で優勝、さらに京都市で開かれた全国大会でも優勝し、なんと日本一になった。屋上でたばこを吹かしていた不良学生が一躍、在校生の注目の的になってしまった。

東海中学時代から各地の弁論大会で優勝を重ねていた。写真は中央大学専門部法科時代

そうすると、俺も演説をやりたいという連中が集まってきて、弁論部をつくることになった。後輩の中には、建築家として、後に世界的になった黒川紀章《きしょう》さん（故人）もいた。みんな、新しい時代は自分たちがつくるんだ、という気概に満ちていたな。

4 親の思い 好きな道突き進め

――各地の弁論大会で優勝をさらった海部氏。弁論部をつくって仲間を集め、演説の研究に情熱を傾けたが、夢中になるあまり、学業はそっちのけだった。

初めて出た愛知県の弁論大会で一位になり、優勝旗を持って帰ったとき、うちではみんなが喜んだ。

寡黙な父も少し頬を緩めていた。ろくに勉強もせず、演説ばかりにのめり込む息子が心配だったんだろうな。「おまえは授業も出ずワルばっかやっとると思ったら、なかなかええこともやるじゃないか」

その後、私が弁論の全国大会で優勝すると「得手に帆を揚げてがんばりゃいいや」とも言った。

最初は何のことか分からなかったが、「得意な道を行け」という昔からの言い回しで、勉強があんまり好きじゃなくて、一生懸命に本を読んで演説の原稿を書いている方が楽しいなら、そちらを優先して取り組みなさい、という意味だった。

空襲で焼かれた写真館を再建した父は商売熱心で、見習いの小僧さんを十人ぐらい抱えるほど繁盛していた。本来なら、長男の私が写真館を継ぐべき立場だった。しかし、私が東京の中央大専門部法科（当時）に進みたいと告げたとき、父は黙って許してくれた。

一九四八（昭和二十三）年の年明け、東京行きが決まると、母は「向こうは寒いだろう」と言って、自分の着ていた大事なセーターをほどいて、私のために編み直してくれた。

母の台所仕事が終わる午後九時か十時ごろ、火鉢に載せた鉄瓶に湯を沸かし、縮れた毛糸に蒸気を当てて真っすぐ伸ばす「湯《ゆ》のし」を母と二人でやった。直径十センチぐらいの毛糸の玉を四つぐらい用意できれば、男物のセーターに十分に足りる。母はあかぎれの手で竹製の棒を上手に操り、焦げ茶色のセーターを編み上げていった。

東京では、そのセーターで寒さをしのいだ。着ていると、離れて暮らす母がそばにいるような感じがした。

海部家親子3代の写真。前列左から海部氏の祖母あぐりさん、祖父幸之進さん。後列左から父誠也さん、母富ささん、妻幸世さん、海部氏

後に、私が政治家になってから、母は演説の姿を見に来ようとしなかったし、選挙事務所にも出入りしなかった。政治にはあまり関心がないのだろうと思っていた。しかし、母は親戚や友人、実家の写真材料商の取引先など、あらゆるつてを訪ね歩いて、「息子が衆議院議員に立候補するので、一票でも多く集まるように助けてやってください」と頼んでくれていた。後になって姉からそう聞かされた。

両親は好きな道を歩む息子を静かに、温かく見守ってくれた。

5 政治家秘書に 弱者への目線学ぶ

中学時代、私は各地の弁論大会で活躍したが、そんな中、どこの大会に行っても審査員席に、力いっぱいの演説を、温かいまなざしで見守ってくれる年配の男性がいた。

柔和な感じの丸い黒縁眼鏡は、旧尾西《びさい》市（現・一宮市）出身の衆院議員、河野金昇《きんしょう》さん（一九五八年死去）だった。

「暇があったら、一回、僕のうちへ訪ねていらっしゃいや」。ある大会が終わった後、河野さんに声を掛けられ、名刺を渡されたことがある。「本物の政治家に目を付けられたぞ」と、舞い上がるような気分になった。

一九五一（昭和二十六）年三月、中央大専門部法科（当時）を卒業した私は、河野さんの秘書になった。一年後、早稲田大法学部三年に編入した後は、河野さんの東京・中目黒の自宅で寝泊まりし、学生と秘書の二足のわらじを履くことにした。

河野さんは私の面倒を見るかわりに、選挙の演説の前座に使おうというつもりだったのだろう。その腹は分かってはいたが、何といっても三食昼寝付きというのはありがたかった。

河野さんは脚が不自由だった。私とよく一緒に銭湯に行ったときなど、「この脚が治って、運動会で一等になる夢をよく見るんだ。でもなあ、一等でテープを切った瞬間に目が覚めてしまう」と語っていた。

河野さんは、当時尾西市に多かった「工賃機屋《はたや》」の生まれだと言っていた。工賃機屋というのは親企業から糸を預かって布を織る中小業者のことだ。

決して裕福ではなかったはずの両親は、脚に障害のある河野さんをふびんに思い、兄弟で河野さんだけを大学に進ませたという。

河野さんは「弱い立場の自分にだけ学問をさせてくれた親のおかげで、いじけずに堂々と人生を歩いてこられた。政治の根底、政策の秘訣《ひけつ》を、語らずして親は自分に教えてくれた」

海部氏（左）は中央大学専門部法科を卒業後、旧愛知3区選出の河野金昇代議士（中）の秘書になった

と話していた。

あるとき、新聞で母子心中の記事を見つけた河野さんは、涙を流さんばかりの顔つきになり、「実に悲しい。こんな記事を読んで心が痛まないような男は政治家の資格がない」と語っていたのも印象的だ。

弱い者の側に立つ政治という志も半ば、河野さんは脊椎の病気が見つかり、当選六期目の一九五八年三月、四十八歳の若さで亡くなった。

すると、秘書だった私が後継候補の一人に押し上げられた。私は二十七歳と若かったが、一日も早く政治家になりたかったので、気持ちがはやった。しかし、意外なところから「待った」の声が掛かった。

6 昭和生まれ初の代議士「待った」の後で出馬

——旧愛知3区（一宮市など）選出の衆院議員、河野金昇《きんしょう》氏が四十八歳で亡くなると、後継候補の一人になった海部氏。だが当時、河野氏の派閥のリーダーで、海部氏にとって生涯の恩師でもある元総理、三木武夫氏が待ったをかけた。

三木さんの判断には驚いた。次の総選挙で全く政治経験も野心もない、金昇さんの妻、孝子さん（九四年死去）をかつぐという。

一九五八年当時、私は二十七歳。早稲田大大学院に籍をおきつつ金昇さんの秘書を務め、一刻も早く本物の政治の舞台に立ちたいと思っていた。しかし、金昇さんの親分で、私の結婚の仲人でもある三木さんの言うことには逆らえない。

気持ちを切り替え、孝子さんを徹底的に応援することにした。早大雄弁会時代、弁論の全国大会を制した得意の演説で、孝子さんの街頭演説の前座を務めた。孝子さんが「もうくたびれた。夜の会合は遠慮したい」と言うと、代打として一人で会合を切り盛りした。

女性の地位はまだ低い時代で、金昇さんの後援会の中には「なぜ奥さんを応援しなければならんのだ」と言って、出て行ってしまう人も多かった。

しかし、ふたを開ければ、孝子さんは前回の夫の得票を一万二千票も上回り、定数三のところを二位で当選を果たした。若くして夫を亡くした孝子さんに、予想を超える同情票が集まったのだ。三木さんが候補者を選ぶときにつぶやいた言葉の意味が分かった。

「海部君、日本人の選挙に対する基本的な心構えは、情緒だよ」

歴戦の三木さんは、現職議員が亡くなった後、身内が立つ選挙がいかに有利かを知っていた。

それから、私は秘書として孝子さんに精いっぱい仕えることにした。すると、亡くなった

海部氏は公私にわたって三木武夫元総理（手前左）、睦子夫人（同右）の世話になった

金昇さんや孝子さんの支援者から「いつまでも孝子さんにやらせておいては見とる方も気の毒だ。もう次は海部にやらせたらどうだ」という声が上がるようになった。

六〇年十一月、私は満を持して総選挙に出馬した。河野さん夫妻を中心的に支援していた地元の毛織工業協同組合は、そっくり私の後援会になってくれた。

二十九歳の私は、トラックの荷台の上で、マイクを片手に「繊維の町」を手厚く支える政策を訴えた。

三木さんの盟友、井出一太郎さん（元官房長官、九六年死去）が駆け付け「財布は落としても、カイフは落とすな。でないとこの町の損失です」と上手に宣伝してくれた。

私は定数三のところ、三位で滑り込んだ。新聞は「昭和生まれ初の代議士誕生」と書き立てた。

7 代議士1年生　服もカネも恩師頼み

――一九六〇年十一月、全国最年少で衆院選初当選を果たしたものの、いざ上京しても寄る辺のない海部氏は、かつて秘書を務めた衆院議員、河野金昇《きんしょう》氏が所属した派閥のリーダーで元総理の三木武夫氏の自宅を訪ねることにした。

私を出迎えたのは、いかにもお嬢さま育ちといった感じの三木夫人、睦子《むつこ》さん（二〇一二年死去)。私など、まるで子ども扱いだった。
にこりともせず「新聞で読んだけど、あなた、よく受かったわね」と一言。さらに、私の格好を一瞥《いちべつ》すると「あんまりいい靴を履いてないわね」「ネクタイはもっと若々しいものにしなさい」と注意した。

私に松坂屋のカードを差し出し「今から新品をそろえて、買い物が済んだら返しなさい」と言う。今でいうクレジットカードだな。そんなものを知らなくて面食らったけど、早速靴とネクタイを買いに行った。

睦子さんは、昭和電工創業者で元衆院議員の森矗昶《のぶてる》さん(四一年死去)の次女で、気前がよかった。夜、三木邸を訪ねたときなどは「俊樹ちゃん、おなかはどう」と聞かれ、家にある物を何でも食べさせてくれた。

睦子さんにお世話になったのはもちろん、三木さん本人からは最初の選挙のとき、百万円の政治資金をぽんと渡してもらった。「政治っちゅうのはええもんだな。親分は金をくれるし、腹が減りゃあ食べさせてくれる。この人たちの言うことを聞いとれば間違いない」と思ったものだ。

睦子さんのおかげで格好が整うと、次に欲しくなったのは肩書だった。名刺には「衆議院議員　海部俊樹」と書いてあるだ

1960年11月、総選挙に出馬。全国最年少の29歳で初当選した

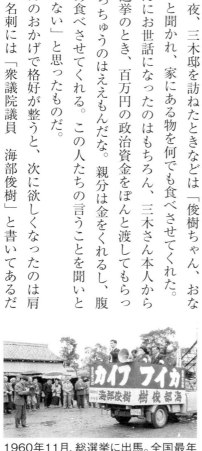

けで、味気ない。何か付けてもらえないものかと、郵政相として戦後初めて三十代で入閣を果たすなど党内で力をつけていた田中角栄さん（元総理、九三年死去）に頼みに行った。すると、田中さんが当時の党幹部に相談してくれ、若手の登竜門の党青年局にあった学生部の部長になればいい、ということになった。

大学生の党員をまとめる係だ。先輩議員はこの肩書をばかにしたけど、うれしかったな。早速、学生部長と名刺に刷って選挙区の支援者に配った。すると、それを家の柱に画びょうで張ってくれる人がいた。

その青年局で何か政策をやろうと考え出したのが、現在の青年海外協力隊。先にアメリカが取り組んでいたピース・コー（平和部隊）を参考に、日本の若者も世界に出て開発途上地域の発展に貢献しようと発案した。私はアフリカまで出向いて現地を視察することになった。

8 青年海外協力隊創設　アフリカ貢献に道

――海部氏は、一九六五年に発足した青年海外協力隊の生みの親の一人だ。若者が発展途上国に出向き、現地の人と寝食や労働をともにしながら日本の技術を伝える国際貢献策。ケネディ米大統領が提唱した平和部隊構想を参考に、海部氏ら当時の自民党若手議員が世界中を視察に回り、実現の可能性を探った。

「アメリカ人にできるなら、日本人もやってやれないことはない」。そうやって勇ましく青年海外協力隊の創設を説いて回っていたのは、一期上の竹下登さん（元首相、二〇〇〇年死去）、同期の宇野宗佑さん（同、一九九八年死去）ら、血気盛んな自民党青年局の面々だった。

当時、主な派遣対象として考えられたのは東南アジアの国々。私は一人、「アフリカにも派遣すべきだ」と主張した。

青年海外協力隊の生みの親の一人。かつて、エチオピアのアディスアベバを訪問した際のもの

というのは、東南アジアの一部は日本が戦争中に占領した地域だが、アフリカはまだ日本の色が付いていない上に、先進国の協力を必要としている。日本の支援を受け入れる余地が十分あるだろうと考えたからだ。

私があまり主張するので、周りから「そんなに言うなら海部が行って視《み》てこい」と言われてしまった。

東南アジアや南アジアの調査隊には、国会議員や学識経験者ら六、七人が集まったが、アフリカへの調査隊には、だれも手を挙げない。

私は、同じ三木派だった藤本孝雄さん（元厚相）を口説き、かろうじて外務省の若い事務官を帯同させ、三人でエチオピア、ケニア、ナイジェリアに向かった。一九六四年五月のことだ。

現地では、まず食事に驚いた。机に敷かれた白い布状のものをテーブルクロスかと思ったら、「それをむしって食べてください」と言う。確か、タロイモという植物でできたパンのような食べ物だった。

それを素手でちぎり、豚か鶏を煮込んだ辛いスープに付けて飲み込む。決しておいしいとは思わなかったが、ほかに食べるものがない。今まで食べたことのないものだ。宿に帰ったら正露丸を飲むことになるかもしれない、と覚悟しながら食べた。

そんな生活を送りながら現地の人たちに話を聞いていくと、日本が手助けできることが随分あることが分かった。当時のアフリカには、日本の農協のような農家に技術を指導する仕組みがなく、農業用水など水の供給体制もなかった。技術面や設備の援助があれば、確実に生産性が上がると見込まれた。

あれからちょうど五十年。私が最初に訪問したアフリカには、今年五月末現在で、二十九カ国に一万四千人を超す日本の若者が派遣された。その後も、アフリカを訪問するたびに、日本への感謝の声を聞いた。

9　アメリカの招待　憧れの大統領に面会

憧れの人はなかなか姿を見せなかった。一九六二年秋、代議士一年生だった私は米ワシントンのホワイトハウスを訪れ、ケネディ大統領との面会を待っていた。「ここにいらっしゃるはずなので、もう少し待ってください」と、係員はおろおろするばかり。

約束の時間を過ぎて五分、十分……。三十分たってようやく精悍《せいかん》なアメリカのリーダーが目の前に現れた。「ナイス　トゥ　ミーチュー」。大統領は人懐こい笑顔で握手を求めてきた。そして、自分のブロマイド写真にサインを書き込み、私たち各国から招かれた青年指導者たちに配っていった。

面会はあっという間だったが、私は大いに刺激を受けた。ケネディ大統領は、私と同じ二十九歳で米下院議員に初当選し、若くしてトップに上り詰めた、いわば生きたお手本だった。

――この年、海部氏は米国務省が世界十四カ国の若手リーダーを招待するプログラムの日本代表に選ばれ、米国を四十五日かけて周遊。大統領との面会は招待旅行の一環だった。

最初、ワシントンに着いたとき、国務省の担当者は私にどこへも好きなところへ行って良いと言う。しかも、お小遣いを一日二百ドルくれる。当時一ドルは三百六十円だから結構な額だ。ホテルの宿泊費はサインをすればただ。レコードも本も店でサインをすればただ。当時、はやっていたアメリカ賛歌「アメリカ・ザ・ビューティフル」のレコードをお土産用に五枚、買い込んだ。

マイク・ニシムラという日系二世の通訳がずっと付き添ってくれ、なに不自由なくアメリカを見て回った。

帰国後、よく考えてみると、とんでもない時期に大統領に面会していたことに気付いた。ちょうど米軍の偵察機がキューバでソ連のミサイル基地が建設されていることを発見したころで、連日、極秘で国家安全保障会議を開いていたはずだ。その直後、米ソは核戦争まであと一歩まで迫った。いわゆるキューバ危機だ。

大統領は、私たち各国の青年たちと会っている場合ではなかった。しかし、彼はそんなことをおくびにも出さなかった。

それから三十八年後の二〇〇〇年、自由党最高顧問だった私は再び国務省の招待を受け、アメリカへ飛んだ。驚いたのは、マイク・ニシムラがワシントンの飛行場で出迎えてくれたことだ。

さらに、三十八年前、私が米国各地で講演した際の記事や速記録が全部保管してあった。中には「米国は人種差別問題を解消しなければ、自由主義陣営のリーダーとは言えない」と、私が生意気なことを言った記録まで丁寧にとってある。アメリカ外交の懐の深さを感じたよ。

第3章　出世の階段

1　雑巾がけ　頼まれればどこへでも

——昭和生まれ第一号として、二十九歳で衆院議員となった海部氏は、若手でつくる自民党青年局に入った。青年局は、若手経済人グループと付き合って支持を取り付けたり、他の議員の応援演説に出向いたり。人がやりたがらない、いわゆる「雑巾がけ」の日々だった。

党内で一、二年生議員に期待するのは結局、演説会のちょうちん持ちなんだ。ベテラン議員は支援者の前で、若い議員に褒めたたえてもらいたいわけだ。

「私から見て、こんな経験を持った、頼りになる政治家はおりません」ということを言わなければならん。

同じ派閥の議員が褒めても、わざとらしく、逆効果になることがある。だから、青年局の議員が派閥にかかわらず、全国の議員のところへ出向いて演説する。これが雑巾がけ。

私は、大先輩から後輩の選挙区まで随分駆け回った。恩師の三木武夫さん（元総理、八八年死去）とは別の派閥の親分だった田中角栄さん（元総理、九三年死去）のところへだって、頼まれれば応援に駆け付けた。

少々ベテランになってからだが、こんなこともあった。早稲田大雄弁会の後輩、小渕恵三さんは、演説があまり得意でなく、「海部さん、このテープに、私になったと思って演説を吹き込んでください」と頼んできた。私は、彼の地元の旧群馬3区に行ったと思って演説した。

「皆さん、この群馬はかかあ天下と空《から》っ風と言われるところであります。しかし、最近はちょっと上を見ると、かかあ天下や空っ風よりもっと怖い、二人の先輩（福田赳夫元総理＝一九九五年死去、中曽根康弘元総理）がおります。私は、いわばビルの谷間のラーメン屋のようなものであります」。

「こう切り出せば聞いてもらえるから」と言うと、小渕さんは何回も練習してこの通りにしゃべった。天を仰ぎ見るような大物に囲まれながら、必死で食らいつく姿を表した言葉だが、「ビルの谷間のラーメン屋」という文句は話題になったんだ。

そうやって人の応援をしていると、各地の事情が分かっていい勉強になる。地方に行ったついでに、市町村議や県議と知り合っておくと、後で彼らが地方議会のボスになったり、国会議員として出てきたりしたとき、打ち解けやすい。何より党の幹部は、若手が党のためにどれだけ汗をかいたかをよく見ている。結局、雑巾がけをやらないと、上には行けない。

私は「民衆政治家」と慕われた大隈重信さんがつくった早大の雄弁会で、直接民衆に語り掛けることが大切だと教わった。人のためだろうが、遠い地方へ行こうが、街頭で演説をするのは何の苦にもならなかった。

まだ若き日、他派閥を率いていた田中角栄元総理にも頼まれれば応援演説に駆け付けた

無論、自分の地元も大切だ。永田町には金帰火来《きんきからい》という言葉がある。金曜日に地元に帰り、火曜に東京に戻るという意味。いかに最年少議員でも、三等寝台車での東京〜選挙区の往復はきついと弱っていると、嬉しいことに東海道新幹線が開通した（一九六四年）。それまでは夜行寝台だったが、寝台券を買う苦労もなくなった。何しろ名古屋から東京まで四時間三十分かかっていたから。今ではぐっと短縮され一時間四十分。楽になった。食べ慣れた車中弁当とサヨナラするのは少々淋しくもあったが——。

丹羽兵助さんともよく乗り合わせた。「金帰火来、当選確実」の本家だ。孫の丹羽秀樹君も兵助先生を見習えば、今後の活躍、大いに期待できる。

2 幻の官房長官 「副」で思わぬ役得

——一九七四年十二月。四十三歳の中堅議員となっていた五期目の海部氏に、大きな飛躍のチャンスが巡ってきた。

総理大臣になられた恩師の三木武夫さんから、組閣の三日前、こんな指示があった。「官邸に行って、竹下登官房長官から仕事の引き継ぎを受けてきなさい」。これはほぼ「次期官房長官を命ずる」という意味だった。

初入閣が内閣の要である官房長官というのは、とても晴れがましいことだ。

さっそく長官室に出向くと、早稲田大の先輩の竹下さんは「おお、もう来たか」とにこやかに出迎えてくれた。

「竹下さん、どうやって野党工作をやってきたのか教えてくださいよ」。「それはな、ちょっと授業料が高いぞ」。そんな冗談を言い合った。

ところが、組閣当日の朝、三木さんから電話が入った。「やはり、君は官房副長官で頑張ってくれ」。そう言うなり、電話はガチャンと切れた。

突然の降格にぼうぜんとなった。三木さんが後輩の私に電話をかけることはほとんどない。彼なりに悪いと思って気遣ってくれたのだ。

後で聞くと、当時、自民党最大の実力者だった副総裁の椎《しい》名《な》悦三郎《えつさぶろう》さんが「海部はまだ青い」と、三木さんの人事構想に口を挟んだらしい。官房長官には、同じ三木派で十九歳年上の井出一太郎さん（九六年死去）が就くことになった。

「そろそろ大臣に」と期待していた選挙区の支援者の期待を裏切ることになったが、それほど落ち込むことはなかった。

1974年、43歳で官房副長官となり（左から3人目）、三木武夫総理（中央左）とフォード米大統領（中央右）の首脳会談にも同席した

田中角栄さんの総理退陣後、三木さんは「十字架を背負って官邸へ行く」と、金権腐敗の改革という使命を抱いて政権に就いた。そんな三木さんにどんな形であれ、尽くす覚悟だったからだ。私は「あなたが思った通り、どうにでもしてください」と伝えた。

就いてみると、副長官には思わぬ役得があった。総理が外遊するときは、留守番役の官房長官を差し置いて同行する役割だった。

米・フォード大統領との首脳会談のほか、先進国の首脳が集まるサミットは、第一回のフランス・ランブイエ、第二回のプエルトリコ・サンファンと毎回お供した。

三木さんがフォード大統領と会うたび、手と手を合わせてパチーンと音を鳴らす親密なあいさつ、ひそひそ話も間近ですべて見聞きした。こうした体験は、後に自分が総理になってから随分役に立った。

井出さんは私の将来を考え、本来は長官が果たすべき役割を、かなり私に譲ってくれた。テレビを通じて、お茶の間に自分を印象づける、そういう絶好の機会も回してくれた。

3 スト権スト 討論一歩も引かず

——一九七五年十一月、史上空前のストライキがあった。国鉄など公営企業体の労働組合が、法律で認められていないスト権を認めさせるために打って出た「スト権スト」。国鉄は、一部ローカル線を除いて始発から完全にストップ。全国二千二百万人の足が乱れた。三木内閣の官房副長官だった海部氏は、政府を代表して連日、テレビで国鉄労働組合（国労）書記長の富塚三夫氏と激しく意見をぶつけ合った。

確か、スト初日は官房長官の井出一太郎さんが、富塚さんと討論したと記憶している。

しかし、井出さんは「私はああいう手合いはどうも合わん。明日から君が行ってほしい」と言うので、二日目から私が相手役を務めることになった。

井出さんはおとなしく、組合の闘士と丁々発止でやり合うタイプではない。早稲田大雄弁会で討論の訓練を受けた私は、そういう場面には慣れていた。

組合側の狙いは、総理の三木武夫さんにスト権を認めさせること。最小派閥から総理になった三木さんの党内基盤はもろく、揺さぶれば譲歩を勝ち取れるという読みだった。

富塚さんは「三木首相の政治決断を求める」の一点張り。私は「その前に、あなたが違法ストの解除を決断しなさい。それが順序というものだ」と一歩も引かなかった。

富塚さんが「スト権を認めないのは憲法違反だ」と言うから、私が「憲法違反かどうかを

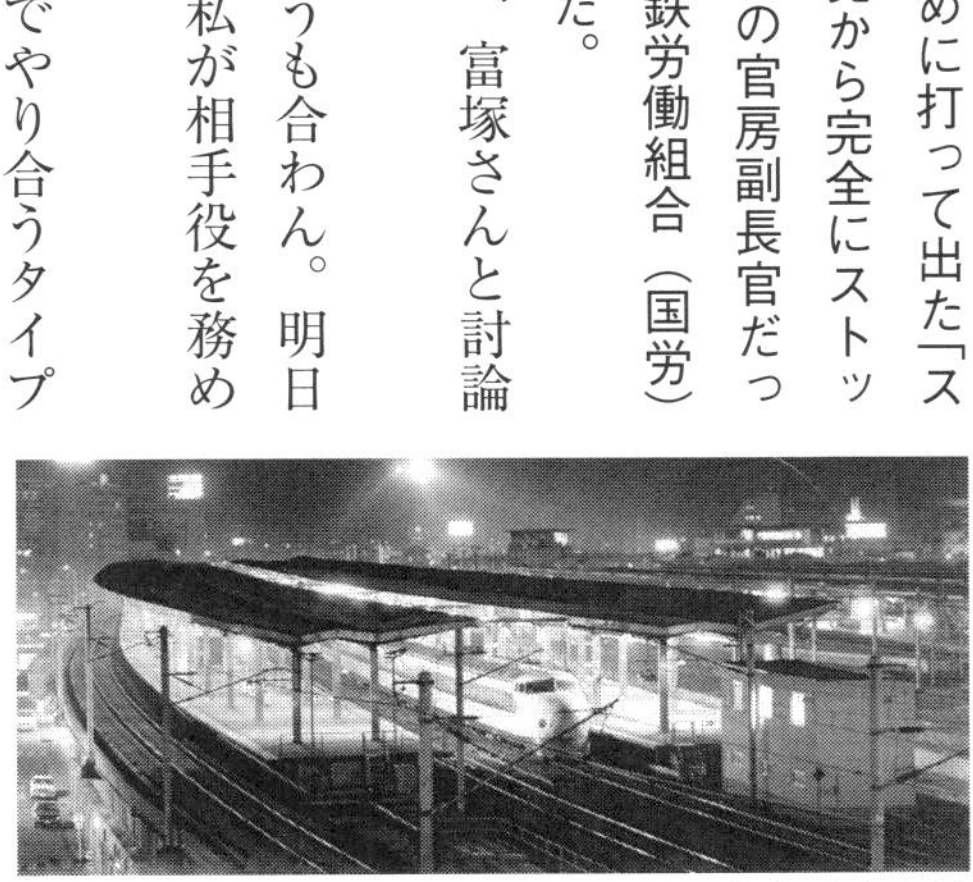

1975年11月26日夜、ストライキによって名古屋市中村区の国鉄名古屋駅は静まり返っていた

判断するのは最高裁判所だけだ。そうやって主張するあなたが今、憲法違反をしているんだ」と切り返したこともあった。

三木さんが、条件付きでスト権を認めるのではないかとの観測も一部にあったが、スト六日目の十二月一日、三木さんは記者会見で断言した。「政府がその場限りの安易な妥協を求めてストに屈すれば、わが国の議会制民主主義も、法治主義も維持できません」

——国鉄が止まっても、私鉄やトラックが代わりに人や物を運んだため、交通や物流へのダメージは懸念されたほどではなかった。もくろみの外れた組合側はやむなく、八日間でストを中止。スト権は認められないまま、組合側の敗北という形で幕が引かれた。

党内の先輩たちは官房副長官の連日の奮闘をたたえてくれ、大いに面目を施した。しかも、毎日テレビに出たことで、お茶の間の知名度が一気に上がった。

官邸に泊まり込み、着替えもままならなかったため、毎日同じ水玉模様のネクタイを締めてテレビに出ていたら、全国から水玉のネクタイが山のように送られてきた。

4 ロッキード事件と三木退陣 総理の妥協に不満

——一九七六年、海部氏は激しい党内抗争を垣間見た。総理の三木武夫は、前総理・田中角栄が関与したロッキード事件の徹底究明を宣言した。総理を退任したとはいえ、党内外に強い影響力を誇る実力者の疑惑である。その解明に乗り出した三木氏に対し、自民党内の主要六派閥が「三木《みき》おろし」の火の手を上げた。三木氏側は改革を旗印に衆院解散、総選挙をもくろんだ一方、主要派閥は「そうはさせじ」と抵抗した。

三木さんは、党内の大半を敵に回してもひるまなかった。「皆がこれほど大きな疑問を抱いているのに、フタをしたのでは、日本の民主主義が救われない」ということだ。一方、反三木派の言い分は「党内に無用な混乱を起こしては、日本の政治のためにならない」というものだった。

七月二十七日、田中さんが受託収賄などの容疑で逮捕されると、反三木の炎は一層燃え盛った。閣僚二十人のうち十五人が「反三木」の旗色を鮮明にした。党はもう、分解寸前だった。

衆院解散を狙う三木さんが国会召集を求めた九月十日の閣議前、私はひそかに閣僚十五人の辞任届を用意し、新たな閣僚候補をリストアップしていた。

三木さんは、閣僚十五人が解散に反対した場合、辞任届の提出を求め、それでも応じなければ罷免もやむなしという覚悟だった。

5時間に及ぶ閣議に続き党5役での会談を終えた三木総理。敵対する15閣僚を罷免するという荒業は使わず、反三木派と手打ちをした

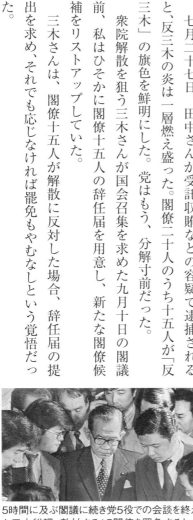

閣議は初めから激論だった。延々と押し問答が続く中、三木さんが「とにかく今日中に国会召集を決めたい」と各閣僚に決断を迫った。そこで、女房役の官房長官、井出一太郎さんが「それでは、コーヒーでも入れて」と休憩を提案した。そこでフッと緊張の糸が途切れた。閣議は五時間に及んだが、結論は翌日に持ち越された。結局、閣僚の罷免や衆院解散はなく、党分裂の危機を避ける形となった。

なぜだ――。私は頭に血が上り、十五人分の辞任届を手に、官邸の総理執務室まで三木さんを追い掛けた。

三木さんは達観したような顔でぼそっと言った。「わしは独裁者じゃないからな」

結局、三木さんは閣僚の一部を入れ替えただけで内閣を温存し、十二月、任期満了による総選挙に臨むことになった。

だが、党内が対立したままの選挙戦に勝ち目はなかった。結果は、結党以来初めて過半数を割る二百四十九議席。私は「党内が対立したままの選挙で、責任だけ三木さんに背負わせるのは許せない」と主張したが、後の祭りだった。

「グッドルーザー（潔く負けを認める人）という言葉がある。民主主義では、選挙で負けた者は去るしかないんだ」。三木さんはそう言い、選挙の十二日後、退陣を表明した。

ふに落ちないままだった私の元へ、どういうわけか、初の閣僚ポストが舞い込んだ。

5 45歳の文部大臣　国会で雪解け論争

――海部氏は一九七六年十二月、文部大臣として初入閣を果たした。四十五歳のことだ。恩師で総理だった三木武夫が激しい党内対立の末、退陣した後だけに思いがけない抜てきだった。三木氏が、後任総理の福田赳夫に、海部氏の入閣を依頼したという。

最初、大臣の話をいただいたとき、正直、私は戸惑った。つい先日までの「三木おろし」では、テレビの討論会で各派閥の代表たちと悪口を言い合っていたんだから。

しかし、自民党というのは、派閥が違っていようが、昨日までけんかをやっていようが、同じテーブルに着いたらすっと仲よくなる。なれなければ務まらないんだ。

大臣に就任してやろうと思ったことは、教育方針をめぐって政府と対立していた日本教職員組合（日教組）との対話だった。

あるとき、テレビ番組のゲストとして日教組委員長の槇枝元文《まきえだ》さん（二〇一〇年死去）と対談することになった。番組のなかで、槇枝さんと私が、当時の中学入試の算数の問題を解くという趣向があった。結果は槇枝さんが零点、私が五十点。

教諭の経験がある人に勝ってほっとしたが、会場に招かれた小学六年生はみな百点だった。ある男の子が種明かしをした。「こんな難しい問題の解き方は、塾で習ったんだよ」

私は、塾で習う受験技術でしか解けないような問題で、中学入試が行われているのは問題だと感じた。当時から受験競争の低年齢化が始まっていたのだ。

もう一つ、印象に残っているのは、国会の委員会で新潟県選出の日教組系社会党議員、木島《きじま》喜兵衛さん（九三年死去）から受けた質問だ。「雪が解けたらどうなるというテストが出たら、どう答えますか」と聞いてきた。私が「水になると答えると思いますが」と応じると、彼は「春を待ちわびている地域の人が、雪が解けたら春になると答えるのはバッテンでしょうか」と突っ込んできた。子どもたちの評価を、もっと柔軟に考えるべきだという趣旨だった。

これにはいささかむきになった。「心情的には分かりますが、雪が解けてもまだ冬であることや、夏になったというようなことも全国的にはあります」と反論したが、後味の良くない議論になった。

雪が解ければ春、というのは大人への応用問題の答えであって、子どもに教えるなら普遍的なことを優先すべきだと思う。

教育は大人の都合や思惑にいつも左右される。子どもにはまず基礎、基本を教え、その上で、おのおのの可能性を広げてほしい。それが大臣としての考え方だった。

文部大臣として、政権と対立していた日教組の槙枝元文委員長（右）とも直接話し合った

6 消費税導入 不人気政策に反発も

――一九八八年暮れ。二度の文部大臣を経験し、当選十期を数えていた海部氏は国政の重要課題に直面する。衆院税制改革特別委員会の筆頭理事として消費税導入を推し進めた。

先輩というのは誠に都合よく、勝手なことをするんだなということを身に染みて感じさせたのは金丸信《かねまるしん》さん（元副総理、九六年死去）だった。

金丸さんは衆院税制改革特別委員長で私がナンバー2。委員会が開かれた十一月十日、仕切り役の金丸さんが質疑の途中にもかかわらず、「俺はもう出て行くからな、後を頼むぞ」と言い出した。

「消費税法案の強行採決をやっちゃうんだよ。俺は今日まで強行はしないと言い続けてきたから、俺がやるわけにはいかない」と言って、委員会室からすたすた出て行った。

仕方ないから私が委員長席に座り、採決をとった。継続審議を求めていた野党議員が席を取り囲んで、もみくちゃにされた。

しかし、野党の意向は心得ていた。猛然と反対する姿が絵になれば良い。私は、マイクに名前が入るように「○○君、席へ帰ってください」と言った。

消費税は政権にとって長年の懸案だった。少子高齢化が進んで社会保障費の支出が増えると見込まれていたし、法人税は景気によって税収に波が出る。広く薄く安定して徴収できる税として、導入は避けられなかった。

当時、大蔵官僚出身の大蔵大臣、宮沢喜一さんは税率5％を主張した。「軒並み十数％のヨーロッパ諸国を見れば、どうせ税率を引き上げることになる。初めから高く設定しないと後で困る」

政界のドンと言われた金丸さんは1％派。「最初は1％にして、国民がだんだん慣れてくるから、毎年1％ずつ上げていけばいい」

最後に3％に決めたのは総理だった竹下登さん。大蔵省による試算の結果、その線が妥当ということだった。

消費税法案は十二月二十四日、参院本会議で可決され、成立の運びとなった。

結局、国の財布が足らない分をどうするか、本気で考えるのは大蔵省だけなんだ。国民に負担を強いる不人気政策だから、政治家はみな逃げたがる。

導入が決まった後の飲み会で、竹下さんが戯《ざ》れ歌で私たちをねぎらった。戦中、お国のために戦う兵隊を感謝する歌としてはやった「兵隊さんよありがとう」をもじって「かねまるさんよ、ありがとう」「かいふさんよ、ありがとう」とね。

これで落着、と思ったら大間違いだった。国民の反発は根強く、八カ月後、総理として対応に追われることになる。そのとき、総理になるとは誰も予想しなかったのだが。

第4章　総理の日々

1　公邸暮らし　これでも首相の家？

一九八九年夏。総理になってしばらくたったころ、私の住んでいる東京都千代田区三番町のマンションの自治会長があいさつに来られた。

お祝いの言葉をいただけるのかと思ったら、「警備がものものしくて落ち着かないから、早く総理公邸へ移っていただきたい」とおっしゃる。

確かに、総理に就任してから大勢の警察官が張り付くようになり、住民に迷惑をかけていた。それで、就任一カ月後、国会近くの官邸に隣接する公邸に引っ越した。

初日、風呂の蛇口をひねると赤茶けた、においのある水が出てきた。公邸に住む総理は戦後、私でわずか五人目。直前の宇野宗佑さんも住んだが、在任わずか三カ月で、ほとんど風呂を使わなかったのだろう。水道管がさびてしまっている。

気分が悪いので、秘書に「早く修理してもらって」と指示しても、公邸は国有財産だから勝手に直してはいけない、と言われる。仕方ないから、妻が買ってきたヒノキのすのこを沈めて上澄みに漬かってしのいだ。

――旧公邸は一九二九年完成の平屋（現公邸は旧官邸を改装し二〇〇五年に完成）。総理個人用としては、書斎と畳敷きの寝室があったものの、残りは部屋数はあっても応接間や茶室ばかりで家族が寝起きする空間は限られていた。そのため、海部氏の妻と長女は交代で泊まって身の回りの世話をし、ＴＢＳを休職して首相秘書になった長男は元のマンションから通った。

これが一国のリーダーの家かと思うと、心寂しいものがあったな。しかし、公邸の造りに文句を言っている暇もないほど、毎日が慌ただしかった。

総理大臣に就任して暫くの間は、内外の多くの問題を抱え極度の緊張で睡眠もろくに取れない日々が続いた。海部さんは目の下にクマができているが寝てないいんじゃないかと同情してくれる人も多かった。まさに昼夜兼行、不眠不休の連続だった。

土、日、休日も返上で、役人にも付き合ってもらって勉強したり、できるだけ地方にも出かけ、国民との対話にもつとめた。どこかの新聞に「サンデー俊樹」なんて皮肉っぽく書かれたこともあった。総理の動向を取材する記者たちの休みが取れないということだったらしい。そんなことをいわれても、国民の生命、財産、国の平穏を常に考えていなければならない。総理大臣には基本的に休みなんかないのだ。

公邸で書をしたためる。海部氏は決して居心地の良くなかった公邸で2年余りを過ごした

国会開催中は、本会議や委員会での答弁要領（野党からの質問に対する回答）が、それぞれの省庁から公邸に届く。厚さは計十五センチぐらいもある。

演説にこだわりを持っていた私は、官僚の書いた答弁をそのまま読むのは避けたかったので、ザッと目を通して頭に入れ、省いていいと思うところに赤鉛筆で印をつけていく。

それを、朝起きてから朝食までの十五分でやらなければならない。一分一秒も惜しかったから、通勤時間ゼロというのはありがたかった。

ところが、いざ答弁をすると、担当省庁の総理秘書官が飛んできて「あそこは読んでもらわなければ困ります」と文句を言ってくる。大量の答弁要領を読みこなし、必要なところを抜き出して答えられることに慣れるまで国会二期分、半年ぐらいかかった。

結局、総理を辞任して退去するまで約二年、毎日が緊張の連続だった。公邸で何か楽しかったというような思い出は特にない。

2 ベルリンの壁崩壊　世界の変動を実感

――総理就任から三カ月後。海部氏は、国外の政治のうねりの中にチャンスを見いだした。

一九八九年十一月九日に始まったベルリンの壁崩壊。壁は六一年、東ドイツから西ドイツへの亡命が相次いだため東ドイツ政府が建設、ベルリン市を東西に分け、民族の分断、社会主義国と資本主義国の対立を表した。建設から二十八年後、移動の自由を求めた東ドイツ住民の願いがもたらした壁の取り壊しは社会主義国の内部崩壊を象徴した。その動きを間近に見ようと、海部氏は現地に乗り込んだ。

厳しい日程の合間を縫って、取り壊されつつあったベルリンの壁を見に行った

私がベルリンに降り立ったのは、壁の取り壊しが始まってから二カ月後。穴の開いた壁をこぶしで何度もたたいてみた。「これが壊されることになったとは」と、感慨にふけった。

実は衆院議員一年生だった六二年、西ドイツ政府の招待で旅行したとき、できて一年たったばかりのベルリンの壁を見に行った。

高台から見た光景は何とも恐ろしいものだった。二重に建設された壁と壁の間に番犬がうろつき、三メートルほどの壁の上に銃を構えた東ドイツの国境警備兵もいる。何人もの東ベルリン市民が壁を乗り越えようとして撃ち殺されたと聞いた。

それから二十八年後。壁の取り壊しが始まってからもまだ残っていた検問所で、東ドイツの国境警備兵に手を差し伸べてみた。握手が返ってきた。思わず「ご苦労さんです」という言葉が出た。

西ドイツに滞在中、コール首相と対談した。彼は「東西ドイツの統一には時間がかかる。二十世紀中を目指したい」と語った。

実際には、壁の崩壊から一年もたたず、東が西に吸収される形で統一が果たされた。時代は、誰も予想がつかない速さで移り変わっていた。

東ドイツのハンス・モドロウ首相にも会おうとしたが、彼はどうしても都合がつかず、代わりに手紙をくれた。

「東ドイツ国民が、西の国民に劣るわけではありません。国づくりのために選んだ教科書が間違っていたのです。首相として心から反省しています」

彼はそう書いたが、実際には、ドイツは第二次世界大戦で連合国に敗れ、東ドイツはソ連の影響下に置かれていたから、「教科書」を自ら選ぶことはできなかったはずだ。

しかし、東ドイツの首相自ら「教科書」である社会主義の非を率直に認めたのは驚きだった。九〇年二月に行われた総選挙では、「社会主義と資本主義の体制の選択」を掲げ、モドロウさんの言葉を何度も使わせてもらった。

3 駆けた1万4500キロ ハードな総裁遊説

海部政権初の衆院選は一九九〇年二月だった。初日は東京・渋谷のハチ公前広場で第一声を上げ、そのまま飛行機で札幌へ。途中、雪が降ってきたが傘も差さずに訴えた。

しかし、有権者とゆっくり語らう間もなく、飛行機で東京へとんぼ返り。そんな毎日が十五日間続いた。

1990年の衆院選初日、東京から札幌に飛び、雪が降る中で演説した

この選挙では十九都道府県、三十六選挙区を回り、移動距離は一万四千五百キロに及んだ。総裁遊説というのはとにかくハードだ。

加えて気を使うのは、応援する候補者の名前を間違えないこと。以前、ある衆院議員が別の候補者の応援に行ったとき「誰の応援に来たのか分からないけれど」と言ってひんしゅくを買ったことがある。それでは、総裁失格だし、名前を覚えていないと演説に迫力がなくなってしまう。

前々任者の竹下登さんは選挙が生きがいみたいな人だから、候補者の一覧表をつくって、誰は何派で、生まれは何年で、趣味は何、と全部書き込んで覚えている。

私は、仲のいい人や嫌いな人は覚えていたが、ポッと初めて立候補した人はど忘れすることがあった。

そこで、移動中に党の遊説局総裁班のスタッフから、次に応援する候補者のデータを聞いて、それを頭にたたき込んだ。

それでも、一日で三カ所回って応援することもあって、簡単ではない。

不安なときは、候補者の名前を書いた紙をポケットに忍ばせ、いつもポケットに入れていた「政治改革要綱」という冊子を見るふりをして、紙を見る。それで何とか間違えずに乗り切った。

終盤の情勢で、自民党は野党を圧倒していた。やはりベルリンの壁崩壊という世界の流れを受け、「資本主義と社会主義の体制の選択」を争点にしたのは間違いではなかった。社会党などの野党は長期低落傾向で、そもそも候補者をたくさん立てる体力がなかった。

投開票日の二月十八日、候補者名を書いたボードに次々とバラの花をつけていった。バラは勝敗ラインとしていた過半数（二百五十七議席）を超えて、二百七十五まで達した。

過半数を割った場合は退陣すると宣言していたから、「やれやれ」とほっとしたよ。

――国民の反対が強かった消費税導入後初の衆院選で、自民党は苦戦も予想されたが、単独過半数維持に成功した。土井たか子氏（元衆院議長、二〇一四年死去）のもと、前年七月の参院選で圧勝した社会党は議席を伸ばしたものの、過半数には遠く及ばない百三十六議席にとどまった。

4　ヒューストンサミット　ジョークが受けた

――海部氏が外交のひのき舞台に初登場したのは一九九〇年七月。米国・ヒューストンで開かれた先進国首脳会議（サミット）だった。それまでの日本の総理は外交の舞台で思うように存在感を発揮できなかったが、海部氏はそんな印象を変えることに成功。日米両マスコミから高い評価を受けた。

サミットには、三木武夫さんが総理のとき、官房副長官として二回随行したけれど、自分が代表となると状況が全く違う。さすがに緊張したよ。新参者の私を助けてくれたのは、ブッシュ米大統領とサッチャー英首相（二〇一三年死去）だった。

司会役のブッシュ大統領は、テーブルの一番端に座っていた〝新人〟の私を最初に指名し、「まずトシキから発言してもらおう」と水を向けてくれた。

おかげで日本の二つの主張を堂々と発信できた。一つは前年に起きた天安門事件をきっかけに西側諸国が中国に経済制裁をしたことに関して「東アジアの平和と安定のため、中国を孤立化させるべきでない」という訴え。日本は凍結していた対中円借款を再開する方針を伝えた。

もう一つは、民主化を進めるソ連・東欧諸国に、西ドイツやフランスが経済支援をしようとする中、北方領土問題が残っている日本としては消極的にならざるを得ない、という考えだった。欧州各国の首脳は「日本は中国とソ連に、二つの物差しを使おうとするのか」と激しく批判した。

助け舟を出してくれたのがサッチャー首相だ。イタリアのアンドレオッティ首相（二〇一三年死去）が私の中国訪問の計画に反対しようとしたとき、手で机をドンとたたいて「シャラップ（黙りなさい）」と一喝した。

役に立ったのは日本式の根回しだ。会議の朝、サッチャー首相やブッシュ大統領の控室に行って、「きょう、中国に対する考え方を表明します」と伝える。すると、サッチャー首相は「その代わり、お願いがあります。英国は九七年に香港を中国に返還します。香港住民は、天安門事件で市民を武力弾圧した中国の政治体制を不安視しています。だから、香港が中国の圧力を受けないよう、日本も見守ってほしい」と言う。そんな取引でうまく話を進められた。

私は、与野党の連絡、調整役の議院運営委員会や国会

マルルーニー首相（左から3人目）やサッチャー首相（同2人目）、ブッシュ大統領（左端）にジョークを飛ばす

対策委員会を長年務めた。永田町の「根回し政治」はサミットでも立派に通用すると、妙に得心したことを覚えている。

それから、つたない英語で飛ばしたジョークが意外に受けた。カナダのマルルーニー首相が「暑くて暑くて倒れそうだ」と言うから、「こっちに倒れても支えきれんぞ。サッチャーさんは鉄の女だ。あっちに倒れて支えてもらえ」と言ったら大爆笑になった。日本でも写真付きで報じられたよ。

5　ミスターガイアツと日米構造協議　大使暗躍てこずる

――一九八〇年代、日本の自動車輸出などで米国の対日貿易赤字は膨れ上がり、八九年には四百九十億ドルに達した。この著しい不均衡を正すため、米国が海部政権に市場開放などを厳しく迫ったのが日米構造協議。日米がせめぎ合う中、米国の利益を代表して暗躍したのがミスターガイアツ（外圧）こと、駐日米大使だったアマコスト氏だった。

アマコストさんはとにかく精力的だった。大蔵省、外務省、通産省の大臣、次官だけでなく、自民党幹事長だった小沢一郎さん（元・生活の党と山本太郎となかまたち代表）のところへも出向き、「バイ・モア」と訴え、日本はもっと米国製品を買うよう求めていた。

目に余る動きもあった。社会党の委員長だった土井たか子さんのところへ行って、将来政権を取った場合、安保条約をはじめとする日米関係をどう考えるか、なんていう話までしている。

野党にも保険をかけていたんだな。あのころは自民党の政権基盤が弱く、いつまでも続くとは思われていなかった。だが、こういった動きは度を越えている。電話で米国のブッシュ大統領にくぎを刺した。

「われわれは日米構造協議に全力で取り組んでいるが、あなた方は次の選挙で社会党を勝たせたいんですか」と。

アマコストさんの動きは多少鈍くなった。しかし、米国の要求が和らいだわけではない。彼らがこだわったことの一つは、大規模小売店舗法（大店法＝当時）の撤廃だった。

米国の大型店舗が日本に進出しようとしても、大店法の規定で、地元商店主らの意見を聴いて「出店調整」をしなければならない。出店するまでに平均して三年弱かかっていた。米国は「米国には何の規制も待ち時間もない。日本も同じように参入の機会を与えるべきだ」と言

社会党の土井たか子委員長とも面会を重ねるアマコスト駐日米大使の動きには手を焼いた

い張った。

中小の商店主の多くは自民党の支援者だ。自分たちの商店街を守っていた大店法の撤廃を認めれば、党が支持を失ってしまう。交渉は板挟みだった。

結局、日本は「消費者の利益」をくんで大店法の規制緩和を受け入れ、出店調整を一年以内に縮めた。将来、米国のゼネコンが日本の建設市場に参入できるよう、日本の公共事業の規模を大幅に拡大することも日米で合意した。

総理退任から二カ月後の九二年一月、ブッシュ大統領から電話が入った。「トシキ、ヘリコプターで奈良へ一緒に行ってくれないか」という。奈良には米国の玩具販売大手トイザらスの日本二号店がある。当時、ブッシュ大統領は二期目が懸かっていた。構造協議の相手方だった私を連れ、日本の市場開放が進んだことを米メディア向けにアピールした。彼も必死だったんだ。

第5章　湾岸戦争

1 危機勃発 イラク制裁 素早く

――一九九〇年八月二日、サダム・フセイン大統領（二〇〇六年死去）率いるイラク軍は隣国クウェートに侵攻した。強大な軍事力によって、豊富な石油資源を抱える隣国の主権を踏みにじる突然の暴挙は、世界に驚きと衝撃を与えた。そのとき、日本の総理、海部氏は、群馬県嬬恋村の万座温泉で夏休み中だった。

イラクが軍隊をクウェート国境付近に集結させていることは外務省から聞いていた。けれど、本当に攻め込むとは思わなかった。

イラクを財政支援していたサウジアラビアのアブドラ皇太子から「最近、フセイン大統領に会ったが『クウェートには攻め入らない』と誓っていた」と聞いていたから。

米国も似たような見立てだった。ブッシュ大統領は半分夏休みという感じで、米コロラド州ウッディークリークで英国のサッチャー首相らと会議に出ていたはずだ。

とはいえ、有事には即応しなければならない。万座温泉に四日まで滞在する予定を切り上げ、三日に東京へ

1990年8月6日、湾岸危機発生後、国民に省エネを呼びかけた

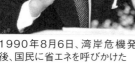

戻った。

四日、早速ブッシュ大統領から電話があった。「イラクに対する経済制裁で日本も協力してもらいたい。石油の取引も我慢してほしい」

素早い対応が肝心だと思い、翌五日、日曜日だったが、閣議を招集した。休暇で軽井沢に滞在している閣僚もいたが、有無を言わさず電話で呼び戻した。

閣議では、日本国内のイラク資産を凍結し、事実上の経済断交状態にするとともに、石油の輸出入も禁止する経済制裁を決めた。国連がイラクへの制裁を決める一日前のことだった。

これには、ニューヨークの駐国連大使が随分喜んだ。「初めていいニュースを持って国連に行けます」と。ブッシュ大統領も「大変結構なこと」と、日本の素早い対応を評価した。

抵抗したのは通商産業省（現・経済産業省）だ。局長連中が顔をそろえて官邸に来て「イラクへの混合借款の返済期限が迫っています。貸し付けた資金が返ってこない恐れがあります」と訴えた。

「今は金銭問題を論じている場合じゃない。イラク封鎖を決めたんだから、それに従ってほしい。日本だけ勝手なことをすると、国際信用を傷つけるんだ」とはね付けた。

このときは、霞が関の官僚も危機の本質を見極め切れていなかったかもしれない。世界に石油を供給している中東で起きた戦乱を収めるため、米国など各国が軍隊を派遣しようとする中、経済大国の日本に応分の貢献を求める国際世論が激しさを増していた。

戦争放棄を定めた憲法を持つわれわれにできることは限られ、厳しい対応を迫られることになった。

2 9条をめぐって 多国籍軍参加断る

「プレジデント・オンライン」。聞き慣れた女性通訳の声がした。米国のブッシュ大統領から総理公邸へ、湾岸危機発生後、二度目の電話がかかった。一九九〇年八月十四日のことだ。東京に雲一つない夏空が広がっていたことをなぜか今も覚えている。

最初の電話では、クウェートに侵攻したイラクへの経済制裁を求められた。次の要求はさらに厳しいものだった。「英国、フランス、オランダ、オーストラリアは海軍の派遣に合意してくれている。日本は機雷の掃海や装備の輸送を考えてもらえないか」

私は、即座にこう応じた。「憲法の制約があるので、軍事分野に直接参加することは考えられない。（米国を中心とする）多国籍軍への参加はできない」

憲法九条には「交戦権は認めない」と書いてある。総理大臣になったとき、何度もそこを読み返した。戦中、焼夷弾《しょうい》から逃げ惑った経験があったから、武力行使を禁じた「九条」を守ろうと自然に思った。

ブッシュ大統領には「申し訳ないけど、分かってください」とお願いした。彼は「アイ・シー（分かった）」と言った。

——米国議会では、各国が協調して戦地に軍隊を送り込むなか、なぜ経済大国の日本が血を流そうとしないのかとの批判や、日本の軍事的貢献を求める声が日増しに高まっていた。

議会の突き上げをくらうのは日本も米国も同じ。ブッシュ大統領もつらかったんだろう。「トシキ、議会と戦うための防具があったら、二つ三つ送ってくれよ。俺のところに」なんて冗談も言った。

九月二十九日、ニューヨークでブッシュ大統領との首脳会談があった。私の本心、日本の言い分を直接伝えるチャンスだった。

「日本の憲法では、武力の行使は国際紛争を解決する手段としては永久にこれを放棄すると、書いてある。そして、この憲法を日本と一緒になってつくったのは、米国なんです」

ブッシュ大統領はこんな趣旨のことを言っていた。「君の言うことは分かった。けれど、世の中は変わっている。軍事的な力の必要性も増してきているんだ」

日本が憲法を制定した終戦直後。焼け野原から、これほどの経済大国に育つとは、さすがに米国も想像できなかったのだろう。

いずれにしろ、米国は日本から軍事的な支援を引き出すことは難しいと思ったはずだ。その代わり、巨額の経済支援を求められることになったのだが……。

3　米国の催促　懐事情流出で怒り

イラクがクウェートに侵攻して二十日ほどたったころ、米国のブッシュ大統領から総理公邸に直通電話が入った。多国籍軍への資金援助の催促だった。

大蔵大臣だった橋本龍太郎さん（二〇〇六年死去）に出せるお金を聞くと「予備費が二十億ドル（当時の為替レートで約二千六百億円）ありますが、全部出せと言われたら、他の案件に出せなくなってしまい困る。ぎりぎり十億ドルなら出せます」と言った。

早速ブッシュ大統領に電話で十億ドルの拠出を伝えた。いつもなら「サンキュー、トシキ」と喜ぶ彼が、そのときは「あぁ、そうですか」とあっさりした感じだった。少し変だな、と思った。

後から振り返ると、米国は日本にどれだけ資金があるかという情報を詳細につかんでいたようだ。ブッシュ大統領も、日本はもっとお金を出せると思っていたのだろう。

日本の懐事情を詳しく知っているのはごく一部の高官だけだ。その誰かが日本の情報を流出させ、国益を損なっていたとすれば、情けなく、悔しい限りだ。一度、閣議で情報流出を問題にして怒ったことがあるが、結局、誰が犯人かは分からなかった。

しばらくして、ブッシュ大統領から電話があった。「トシキ、まず十億ドル出してもらったが、周辺国の援助に資金が少し要る。日本で引き受けてくれないか」

周辺国というのは、エジプトとヨルダンとトルコの三カ国。各国がイラクに経済制裁をかけたため、イラクから石油が供給されず、窮乏しているという説明だった。

周辺国援助には、外務省などが所管している「経済協力費」を転用して二十億ドル出すことにした。さらに、来日したブレイディ米財務長官から多国籍軍支援の追加を求められ、十億ドルを出した。予備費の残りはあったが、他の出費に備えておきたかったから、補正予算を組むことにした。こうなると、もう財源のあてはない。大蔵省には随分無理を言った。


——日本は巨額の資金援助を表明したにもかかわらず、米国では「Too late, too little（遅すぎる、少なすぎる）」という非難が沸き起こった。しかも、小出しに拠出を決めたことが「出し惜しみ」ととられ、それも非難の的になった。


米国では日本が批判されるし、国内では野党から「戦争に使われるお金を出すべきではない」と反対される。板挟みだった。

私は一人、公邸で黙考した。やはり、資金はある程度出すべきだと思った。日本経済は中東の石油に大きく依存している。中東の秩序維持は死活問題だ。それでも、

ブレイディ米財務長官の催促もあり、多国籍軍と周辺国支援に40億ドルの拠出を決めた

憲法の制約上、軍事面では協力できないのだから。

ところが、日本が提供した資金は四十億ドルで終わらなかった。イラクと米国を中心とした多国籍軍との湾岸戦争が始まると、米国の要求額は一気に跳ね上がった。

4 貢献策、実らず 準備不足で〝ツケ〟

――イラクがクウェートに侵攻した湾岸危機が発生してから、米国の口癖は「ショー・ザ・フラッグ」。現地に日本の国旗を立て、目に見える貢献を、といや応なしに迫られた。

まず考えたのは医療団の派遣だ。私と同期当選で、厚生官僚や厚生相（現・厚生労働相）を務めた小沢辰男さん（二〇一三年死去）に「たっつぁん、ちょっと助けてくれよ」と医師の確保をお願いした。

ところが、危険地域に行くということで、募集をかけても医師が集まらない。厚生省に顔が利くと言われていた小沢さんが頼んでも、なかなか応募してもらえなかった。

なんとか国立病院や大学病院の医師を五人集め、看護師らを合わせて十七人の先遣隊をつくり、クウェートの隣のサウジアラビアに派遣した。

しかし日本の医療団の活動範囲があくまで非戦闘地域に限られていたこともあって、現地でけが人はおらず、ほとんど必要とされない、という結果になってしまった。

米国が求めた民間航空機による多国籍軍の物資輸送でもつまずいた。

政府としてお願いした日本の航空会社や乗員組合は戦争に加担することになると、武器や弾薬の輸送に難色を示した。

しかたなく、米国の貨物専門の航空会社、エバーグリーンに頼んで現地に飛んでもらった。日の丸は立てられないが、背に腹は代えられない。

この会社は、湾岸危機発生後、湾岸地域一帯では航空保険を全くかけられない状態だったにもかかわらず、乗員の命のことも何も言わず、「ただお金さえ払ってもらえるなら行きます」という。野武士みたいな連中だった。

船による輸送では、全日本海員組合出身で、当時民社党の参院議員だった和田春生《はるお》さん（一九九九年死去）が船員組合を説得してくれて、なんとか手はずが整った。

ところが、中東貢献策として四輪駆動車を八百台積んだ自動車専用船が、名古屋港を出てすぐに止まってしまった。「乗組員の安全の保証がない」と、全日本海員組合が「待った」をかけたからだ。

このときは、組合と政府が話し合い、「危険が予想された場

中東貢献策の第1弾として四輪駆動車を運んだ輸送船は、全日本海員組合の反発で名古屋港を出てすぐに停泊した＝1990年9月、名古屋港で

合、航海を中止すること」といった条件を政府が受け入れ、再び出航したのだが。

——中東貢献策では総理の海部氏自身、各方面に派遣を頼み込んだものの、なかなか成果を挙げられなかった。有事における国際貢献について、法整備や医療団の創設といった準備ができていなかったツケを支払う結果となった。

「世界が見ている中で、日本から来て貢献したとなれば、日本への見方がうんと変わるんです」。そう説得して回ったが、それだけでは動いてもらえない。日本人として、大変残念なことだった。

5 内外からの圧力 米国の姿勢に危機感

動かぬ証拠、と言わんばかりに米国の大使館員が、総理公邸まで持ってきた写真があった。湾岸危機勃発から、しばらくたったころのことだ。

米国の軍事衛星が上空からとらえたペルシャ湾には、日本のタンカーが二十隻近く写っていた。目を凝らして一隻一隻を見ると、確かに日本船籍と分かる。

彼らは怒っているわけだ。日本は自衛隊を派遣せず、民間人による支援も危険地域ではしようとしない。にもかかわらず、石油を運んで経済活動だけは旺盛に続けている。いったい、日本というのはどういう国なんだと。

――米議会の動きも激しくなった。危機発生から約一カ月後の九月十日、米上院は日本、西ドイツなどの貢献が十分でないと名指しで非難。「ブッシュ大統領は、同盟国が積極的に行動するよう圧力をかけ、十分に応じない場合は米国との関係が決定的な局面に至ることを思い知らせるべきだ」とする決議案を全会一致で採択した。二日後には、下院が在日米軍駐留経費の日本側全額負担を求める決議を、圧倒的多数で採択した。

日本の中東支援策をめぐって何度も論戦した土井たか子社会党委員長(右)＝1990年10月

米議会の強硬姿勢には正直、恐ろしさを感じた。大げさに言えば、日本がこの先、生き残ることができるか、滅ぼされてしまうか、ということまで考えた。中途半端な協力では米国から徹底的にたたかれる。私の対応について「対米追従」という声もあったが、できる限りのサポートをするしかないと割り切った。

日本の危機に乗じて、野党の突き上げも厳しくなった。特に、社会党委員長だった土井たか子さんとのやりとりでは、私は珍しく取り乱すほど怒った。

自民党と社会党の党首会談で彼女は、米国が日本を批判するのに使っていた「Too late, too little(支援の決定が遅過ぎる、少な過ぎる)」の言葉を持ち出して私を責めた。

思わずこう反論した。「じゃあひとつ教えてください。土井さんだったらいくら出したんですか。少な過ぎると言うが、何が基準で、その基準に比べてどのぐらい少ないんでしょうか。答えてください」

威勢のいい彼女もこのときばかりは何も言えず、「うーん」と黙りこくった。

当たり前だ。われわれだって、米国が何を、どれぐらい日本に求めているのかが全く分からず、暗中模索しながら、必死で手を打っていたのだから。

6　幻のＰＫＯ法案　党内でも意見決裂

湾岸危機が発生して、米国から貢献策を求められるにつれ、勢いが増したのがタカ派の人たちだった。

自民党を一時離党していた中曽根康弘さん（元総理）をはじめ、橋本龍太郎さん（元総理、二〇〇六年死去）、小沢一郎さんらが筆頭だ。

中には「日本はこれまで自衛隊の海外派遣を我慢してきたんだから、千載一遇のチャンスだ」なんていう不穏当な発言もあった。

タカ派は声が大きいから「派遣論者」が多く見えたが、実際には慎重派もたくさんいた。

代表は、元副総理の後藤田正晴さん（二〇〇五年死去）だ。私の事務所に何度も足を運び、あのこわもてで「海部君、アリの一穴《いっけつ》になるぞ」と言った。

ひとたび自衛隊を派遣すれば、歯止めがかけられなくなることを格言を使って戒めた。

私自身、そのときは自衛隊を派遣するつもりはなかった。というのは、国民のアレルギーが根強かったからだ。自衛隊は戦力の不保持を定めた憲法九条に違反している、と主張する野党もあったほど。世論は成熟していなかった。

国連平和協力法案の審議では、中山太郎外相（手前）と外務省条約局長との答弁が食い違う事態も起こった＝1990年10月

そこで、私が創設にかかわった青年海外協力隊の派遣を考えた。発足から二十五年たち、途上国で立派に活動している彼らなら、中東でも十分やれると考えた。

しかし、実現はしなかった。食事や寝泊まりまで全て賄える「自己完結力」がなければ現地では必要とされないという、厳しい現実があった。やはり、自衛隊しか派遣できないということだ。

――海部内閣は、非軍事面に活動を限定して自衛隊を派遣することを認めた国連平和協力法案を練り上げ、一九九〇年十月十六日、国会へ提出した。

しかし、野党から法案の内容を厳しく追及された。外相だった中山太郎さんが「原則として武器、弾薬の輸送は行わない」と輸送に消極的な見解を示した直後に、外務省条約局長だった柳井俊二さんが「法律上は武器、弾薬も運び得る」などと積極論をかざす事態も起きた。腹が立ったのは自民党の一部議員が法案に批判的だったことだ。特別委員会で「拙速という声もある」とか「公明党が主張する時限立法もひとつの卓見」なんてけちをつける。党内も、政府の中も意思を統一するのは難しかった。結局、法案は十一月八日、審議未了で廃案になった。

党のため、日米関係にも役に立つと思っていろいろ考え、悩み、最善と信じて、命懸けでやったこと。それを党内から反対が出るとは。クーデターじゃないかとさえ思ったよ。

7　90億ドルの追加支援　円安で手痛い出費

分かっていても身震いがした。一九九一年一月十七日朝、官邸の総理応接室。各省庁の危機管理担当者ら二十数人がかたずをのむ中、湾岸戦争開戦を中継する米ＣＮＮテレビの特派員の緊張した声がテレビから響いた。

「イラクが対空攻撃で応戦している。空が明るい。巨大な赤い光線が地上から空へ向かっている。（私のいる）ホテルも揺れている」

——国連安全保障理事会の決議によるイラクのクウェート撤退期限から一日足らず。現地時間午前二時半、新月の闇をついて、米国を中心とする多国籍軍がイラクに攻め込んだ。

前日、ブッシュ米大統領から総理公邸に直通電話があった。「近いうちに開戦する。そうしたら、政治的な支持を明確にしてほしい」

開戦の三時間後、私は記者会見を開き「多国籍軍の武力行使を確固として支持する」という談話を出した。さらに、多国籍軍に追加援助をすることを明かした。このときは、米国の要求額ははっきりしていなかった。

具体的に金額が出てきたのは一月二十日。ニューヨークで行われた橋本龍太郎大蔵大臣とブレイディ米財務長官との会談だった。

米国の戦費は四百五十億ドル。その二割に当たる九十億ドルを日本が負担することになった。橋本さんは「総理が最終的なご判断を」と電話で伝えてきたが、その場で了承した。米国からの圧力を受け、党内でも「出せるだけ出そう」という声が多くなっていた。

財源をひねり出すため、国民に広く負担を求めることにした。法人税、石油税を一年限定で引き上げさせてもらった。

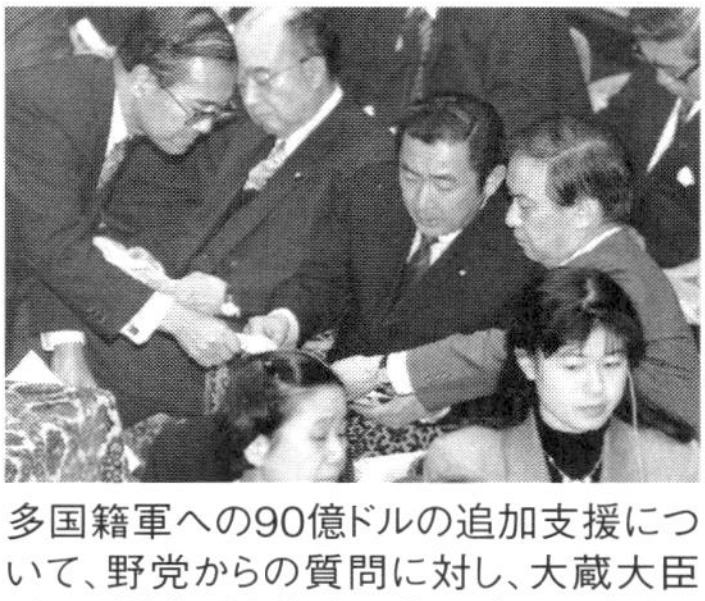

多国籍軍への90億ドルの追加支援について、野党からの質問に対し、大蔵大臣だった橋本氏と答弁の打ち合わせをする=1991年2月、衆院予算委員会で

――日本は先に決めた四十億ドルに加え、九十億ドルの追加拠出を決めた。九十億ドルは当時の日本円にして一兆二千億円。国民一人当たり一万円という空前の出費となった。

ところが、拠出はそれで終わらなかった。額が決まった後で円安が進み「為替差損が出た」として、米国が五億ドル（約七百億円）の追加拠出を求めてきたのだ。

橋本さんがブレイディ財務長官と会談したとき、大蔵省は村田良平駐米大使（一〇年死去）の立ち会いを断った。お金のことは大蔵省が決める、という縄張り意識で外務省が重要な交渉の場から外された。その場で支払いが円建てか、ドル建てかを決めていなかった。当然、米国は「ドル建て」だと主張。弱い立場のこちらはのまざるを得ず、手痛い追加出費をする結果になった。

これがもとで、橋本さんと外務大臣の中山太郎さんが激しく口論した。「今さら争っても もう遅い」となだめるしかなかった。

8　省かれた日の丸　感謝の広告載らず

――石油産出地域での戦乱として世界の注目を集めた湾岸戦争は一九九一年二月二十八日に終結した。米国を中心とする多国籍軍は地上戦突入後、わずか四日でクウェートを解放した。その後の三月十一日、クウェートは米主要紙に感謝の広告を掲載した。イラクからの解放に協力した国名を掲載する内容だったが、そのリストに日本の名はなかった。

あの広告が掲載された前後、日本の国会では予算委員会が開かれていた。

与野党の議員が私を責めんばかりにこう言った。「増税してまで九十億ドル（当時一兆二千億円）を多国籍軍に追加支援しているにもかかわらず、評価されていないということは極めて残念だ」

私自身、残念に思った。早速アルシャリク駐日クウェート大使を呼んで「なぜ日本に対してこういう態度をとったのですか」と問いただした。彼は「誠に申し訳ない。次は日本の国旗も載せます」と平謝りだった。

しかし妙な話だ、と違和感もあった。大使は例の広告が載る前、わざわざ官邸まで足を運んで、本国からの伝言として「日本の支援に感謝しております」と何度も言っていたのだ。クウェート本国は日本による巨額の援助を知っていたし、感謝もしていた。だから、クウェートが感謝の広告からわざと日本を外す意図はないはずなのだ。

——外務省OBらでつくる一般社団法人「霞関会」が発行する会報の二〇〇八年三月号に、

アルシャリク駐日クウェート大使は湾岸戦争終結直後、本国からの伝言として、日本の支援に対する感謝を伝えてきた

元駐サウジアラビア大使の恩田宗氏が寄せた文章には「あの（広告が出た）直後、真意を尋ねた（駐クウェートの）黒川剛大使に対し、クウェート外務省は、あれは本国政府が指示したものではなく現地（米国在住のクウェート人）が十分に考えもせず新聞に載せてしまったものだと釈明したという」と書かれている。

私自身は今も、なぜ日本の名が外れたか分からないし、誰かに釈明を求めたこともない。日本への感謝の気持ちがうまく吸い上げられず、あの広告になったと理解している。国内には広告を引き合いにして「血も汗も流さない日本は、巨額の資金を提供しても評価されなかった」と言う人もいる。

クウェートは現に感謝していたのだからそう思う必要はない。仮に評価されなかったとしても、それをトラウマ（心的外傷）に感じる必要もないと思う。

国際的な評価を得るために、自衛隊を戦地に出そうというような軽々しい姿勢でいいのか。日本は悲惨な戦争を二度と起こさないという決意で憲法九条をつくり、私自身、それを守っていかなきゃならんと思い込んでやってきた。挑発に乗ってはいけない。

9 掃海艇の派遣 慎重検討の末「出そう」

――一九九一年四月、イラクは湾岸戦争での敗北を認め、国連安全保障理事会が停戦発効を宣言した。日本の憲法の枠内でできる国際貢献を模索していた海部氏は、ペルシャ湾に敷設された機雷を除去する自衛隊の掃海艇《そうかいてい》派遣を決断。自衛隊発足から三十七年、実動部隊を初めて海外派遣する、時代の転換点へ一歩を踏み出した。

イラクからの解放に協力した国に感謝するクウェートの広告から日本の国名が漏れ、その広告を引き合いに、「カネを出しても血を流さない日本は評価されなかった」と声高に主張する人もいたが、そうした論調に影響されたわけではない。

掃海活動は戦争への参加ではないし、航行の安全確保は国益にかない、国際貢献にもなる。そう考えて「出そう」と腹を決めた。

日本と同じように憲法の制約で湾岸に軍隊を派遣しなかったドイツが、先に掃海艇派遣を表明していたことも大きかった。

最初に党内から派遣論が出てから、私が決断を下すまでにためらいもあった。自衛隊に掃海の能力があるのか、本当に役に立つのかなどを調べもしないで、ただ「行け」というのは無責任だ。

そういった趣旨の答弁を国会ですると「総理はやる気がない」とか「自衛隊が嫌いなのか」と批

ペルシャ湾に向けて海上自衛隊横須賀基地を出港する掃海艇「あわしま」（手前）＝1991年4月26日

判された。だが、日本に可能な国際貢献ならやろうと気持ちは一貫していた。

私が相談したのは、早稲田大の同窓で当時防衛庁参事官だった宝珠山昇《ほうしゅやまのぼる》さん（元防衛施設庁長官）。聞けば、海上自衛隊の掃海技術は世界でも有数という。太平洋戦争中に日本と米軍が日本近海に敷設した約七千個の機雷を処理した実績があるとのことだった。

問題は、掃海艇は五〇〇トンクラスの小型木造船で、モンスーン（季節風）が到来するインド洋を航海するのは大変危険ということだった。自衛隊側から母艦を随行させたいとの要望があったので、即座に了承した。

指揮官の落合畯《たおさ》さん率いる六隻の掃海部隊は、潜水して機雷の位置を確認するなど命懸けの活動で三十四個の機雷を除去して帰国した。

当時は「自衛隊を海外に派遣するのはまかりならん」という反対論も根強かった。もし犠牲者が出るようなことがあれば、あの掃海活動は今日まで語り継がれなかっただろう。

掃海艇派遣後、クウェートは湾岸危機の解決に協力した各国の国旗に、日の丸を並べた記念切手を発行した。十年後、クウェートで開かれた解放十周年記念式典に、私はブッシュ元米大統領らと招待され、最高のもてなしを受けた。

第6章　世界の首脳との交流

1 姉貴分、サッチャー 主婦、弱者に目配り

小さな約束を果たすことが、外交を有利に導くこともある。英国のサッチャー元首相（二〇一三年死去）との付き合いで、そんな経験をした。

一九八九年九月、東京・赤坂の料亭で、来日したサッチャーさんに刺し身を振る舞っていたとき、彼女からある依頼を受けた。

「トシキさん、英国の証券会社をなんとか日本の証券市場に入れてもらえませんか。ずっと締め出されています。これを頼む日本の総理は、あなたで四人目です」

私は「五人目をつくらないように、何とかやってみましょう」と請け負い、その場で証券取引所の担当者に電話をかけた。ほどなくして、サッチャーさんの要望はかない、彼女はたいそう喜んだ。

その後の彼女は「鉄の女」の愛称通り、私にとっては頼りがいのある六歳上の姉貴分となった。

サミット（先進国首脳会議）などで、日本と欧州諸国との利害が対立する場面では「日本は世界の政府開発援助（ODA）の多くを拠出している。他の国とは重みが違うのよ」と言って、反対勢力を黙らせてくれた。

彼女の政治信条は典型的な保守主義だった。共産主義の大国、ソ連を「悪」と言ってはばからなかった。

私が「英国は、なぜ欧州の通貨統合に参加しないのですか」と問うと、真顔でこう言った。「英国のポンド紙幣や硬貨には、エリザベス女王の肖像が載っています。女王とさよならするなんて、私にはできない」

――経済政策では、サッチャー氏は米国のレーガン大統領（〇四年死去）と並ぶ新自由主義の代表格とされる。「小さな政府」を志向し、国営企業の民営化や規制緩和を進めながら国民の自助を促した政策は「弱者切り捨て」とも批判されたが、他国に大きな影響を与えた。

私が感心したのは、彼女が単なる新自由主義者ではないところだ。台所を預かる主婦の視点から、何度も助言されたのは、消費税の家計への負担軽減だった。

「トシキさん、日本は消費税導入を国民に反発されて困っているようだけど、食料品や日用品の税率を下げればいいのよ。私もそうやって乗り切ったんだから」

私は彼女の提案を真剣に検討したが、元総理の竹下登さんらに「税率に差をつけるような手間のかかることはだめだ」と頭から反対され、実現はしなかった。

英国のサッチャー元首相は、権威を信奉する保守主義と、台所を預かる主婦という二面性を持った奥深い人物だった

サッチャーさんは権威や強い者を信奉しながら、主婦や弱い立場の人たちにも目配りした。鉄の女には、意外な奥深さがあったと思っている。

2 マンデラへの助言　中台双方と交流を

二十七年もの間、牢屋《ろうや》に入れられていた南アフリカの黒人解放運動指導者、ネルソン・マンデラさん（二〇一三年死去）の初来日は一九九〇年十月のこと。私より十三歳年上で七十二歳になられていたが、長い投獄生活の影を感じさせない、かくしゃくたる紳士だった。彼は白人政府によるアパルトヘイト（人種隔離）に対する武装闘争を指導したとして、一九六二年に逮捕された。

私は後に南アを訪問した際、実際に彼が入っていた牢獄を見せてもらったことがある。小さな窓がひとつだけで、何の飾りもない独房だった。あんなところに一人ぶち込まれ、長年耐え抜いたのだから、ひとかどの人間だ。

来日は、釈放から八カ月たったばかりのときだった。当時、黒人解放運動組織のアフリカ民族会議（ＡＮＣ）の副議長だったマンデラさんは、単刀直入に求めてきた。「ＡＮＣの亡命活動家や政治犯などの帰国、釈放後の生活支援のため二千五百万ドル（当時の為替レートで三十三億円相当）援助していただきたい」

気持ちは分かったが、のめない要求だった。「特定の団体に直接資金協力を行うことは難しい」

マンデラさんは、世界の国々を回って活動資金を集めていた。経済大国の日本も協力を、と期待していたのだろう。日本の回答に残念そうにしていた。

私なりの考えがあっての答えだった。それまでも、外国に多額の資金や物資を提供してきたが、あっという間に消費され、その国の発展につながらないケースも多かった。

私は、南アから黒人研修生を受け入れ、日本の技術を伝授して送り返すことを提案した。この案は実行に移され、名古屋市や北九州市に南アフリカ人が来日。電気工事、溶接、機械整備などを学んで帰った。

南アフリカのマンデラANC副議長に、同国から黒人研修生を受け入れ、日本の技術を伝授することを提案した

一九九六年五月、総理を退任していた私はマンデラさんとの再会を果たした。南アを訪問した私に、大統領になっていた彼から相談があった。「中国と台湾、どちらと国交を結ぶべきかのジレンマで困っている。日本のやり方を教えていただきたい」

――当時、台湾と国交を持っていた南アは、「一つの中国」を主張する中国政府から国交の樹立と、台湾との断交を迫られていた。総理時代、中台双方と良好な関係を築いていた海部氏は自らの経験を踏まえ、マンデラ氏に助言した。

大国、中国の顔を立てて国交を結び、台湾と政治的な関係を断ったとしても、台湾と経済の交流を続けることはできると説明した。実際、日本もそうしていた。マンデラさんは真摯《しんし》に耳を傾けていた。そして、九八年、中国と国交を樹立。台湾とは経済交流を続けている。

私の提案や助言は南アの発展に少しでも役立っただろうか。今は亡き偉大な黒人指導者の声を、もう一度聞いてみたい。

3 盧泰愚の歌 友情を深めたが……

♪山の淋《さび》しい湖に　ひとり来たのも悲しい心――。やや低音の小さな声だが、はっきりした日本語の発音だった。

韓国の盧泰愚《のてう》大統領は一九四〇年にヒットした高峰三枝子さんの「湖畔の宿」をそらで歌った。日韓首脳会談のため来日した九〇年五月二十五日。確か、首相官邸で開かれた晩さん会でのことだ。

「いい歌ですね。けど、これをいま国に帰って歌ったら私は袋だたきです」。そう言っていたずらっぽい笑みを浮かべた。

日本統治時代の韓国で生まれた彼は、日本語が堪能な「知日派」だった。

実は私も、事前に覚えておいた歌があった。四一年に韓国ではやった「テジエハング（大地の港）」だ。

♪シジーマルゴ、シジルマルゴ、タルピッセ、キルル、ムロ――。（休まずに、休まずに、月に道を尋ね）

間違いだらけだったろうけど、盧大統領は手をたたいて喜んだ。このとき、彼はすでに来日の最大の目的を果たした後だった。ほっとして、気分が高揚していたのだろう。

大統領来日に当たって、韓国側が求めたのは日本の植民地支配に対する謝罪だった。晩さん会の前日に行われた日韓首脳会談で、私はこう話した。

「朝鮮半島の方々がわが国の行為により、耐え難い苦しみと悲しみを体験されたことについて謙虚に反省し、率直におわびの気持ちを申し上げる」

盧大統領はこう応じた。「首相が不幸な歴史を認識し、反省されたことに敬意を表する」。そして、未来志向の日韓関係をつくっていくことを強調した。

難しかったのは天皇陛下による謝罪だった。現憲法下で天皇は「象徴」であって、本来は「お言葉」に政治的な意

天皇陛下と会見する盧泰愚元韓国大統領。盧元大統領は、過去の不幸な歴史を乗り越え、未来志向の日韓関係を希望していた

味を持たせてはならない。韓国の求めに屈して天皇に謝罪を強いては国内世論の反発を買う。言葉選びには慎重を期した。

——官邸での晩さんの前日夜。皇居内の宮殿に盧大統領夫妻を招いた晩さん会で、天皇は「わが国によってもたらされた不幸な時期に、貴国の人々が味わわれた苦しみを思い、痛惜の念を禁じ得ません」と語られた。植民地支配の責任が日本にあることを明確にした。

陛下と大統領は二度、三度と力を込めて握手した。ついに日韓の新時代が到来する。そんな感情が胸の中に湧き立っていた。

ところが、韓国では政権が交代すると、以前の謝罪や交渉がすべて忘れ去られてしまったかのように、再び日本への厳しい謝罪要求が噴き出してくる。大統領と歌でかわしたあの友情は、どこへいってしまったのだろうか。

4 ゴルバチョフとの指切り　彼の失脚 今も残念

私の二倍はあろうかと思うくらい、太くて、温かい小指だった。同い年同士でかわしたソ連（当時）のゴルバチョフ大統領との指切りげんまん。一九九一年四月十八日の夜、東京・元赤坂の迎賓館で互いの右手を差し出した。

指切りの直前、私たちは日ソ共同声明に署名した。それは今振り返っても、画期的な内容だった。

当時、ソ連は「ソ日間に領土問題は存在しない」という立場を貫いていた。だが、声明では「領土画定問題」という言葉を使い、北方四島が交渉の対象になることが記された。

ソ連との外交は、お人よしでは務まらない。米英などとの交渉よりも慎重な心構えで臨んだ。

当初、大統領は声明に、北方四島をロシア語で「小クリル列島」と書こうとした。それでは、後に「小クリルは北方四島を指すとは限らない」とごまかされるおそれがある。

私が「歯舞（はぼまい）、色丹（しこたん）、国後（くなしり）、択捉（えとろふ）と書いてください」と念を押すと、彼は「ダー《はい》」と答え、四島名を書き入れた。

ソ連では首脳が代わると、以前の約束がほごにされかねない、とも聞いていた。そのため、大統領の肉筆サインまでとった。指切りは、最後の駄目押しといったところだ。

大統領来日の前、まことしやかに流れたうわさがあった。経済が困窮するソ連に二百六十億ドル（当時の為替レートで三兆六千億円相当）援助すれば、四島が返ってくるという話だった。

ゴルバチョフ元ソ連大統領とは、日ソ共同声明への署名を終えると日本式の指切りげんまんをかわした＝東京・元赤坂の迎賓館で

ところが、共同声明に署名するまでの交渉はそれほどうまく進まなかった。大統領が日本から巨額の経済援助を得たいのは分かったが、領土問題についてはなかなか前向きな発言をしない。

最初の会談を終えた後、息抜きに東京・上野で開かれたバイオリンコンサートに出向いた。彼はふと漏らした。「私はこういう音楽が好きだ。だから国内でいろいろ言われるのかもしれない」

一瞬、真意をはかりかねたが、どうも彼は国内での政治的立場が危うい状態だったのだ。日本に領土を返すようなことをすれば、国民の支持を失いかねないことを、ソ連の事情通から聞いた。だから、領土問題の存在を認めるという段階で話を収めたかったのだろう。

――領土問題は、次に海部氏がモスクワを訪問すれば大きく前進するとみられていた。しかし、ゴルバチョフ大統領はその年の八月十九日、クーデターにより失脚。海部氏の訪ソは実現せず、四島の返還は幻に終わった。

大統領は日ソ双方が納得できる合意点があったら、いつでも歩み寄るという気持ちを持っていたはずだ。東欧の民主化を認め、冷戦を終結させた改革派の彼がトップにいたときこそ、領土問題が最も解決に近づいた時期だ。彼の失脚を今でも残念に思う。

5 李鵬と江沢民 天安門の恩 後年も

「六四風波《ろくよんふうは》のとき、中国が国際的に孤立しないよう、海部先生は尽力してくれました」

六四風波って何だろう？ 一九九一年八月、中国を訪れた私に、李鵬《りほう》首相や江沢民《こうたくみん》共産党総書記が、耳慣れない言葉を使うので戸惑った。

聞けば、八九年六月四日、北京で民主化を求める学生らを人民解放軍が銃で制圧した「天安門事件」を中国首脳はそう呼んでいるという。各国から猛烈な批判を浴びた天安門事件という言葉を、口にしたくないのだろう。

事件後、先進国首脳会議（サミット）に加盟する西側諸国は、中国との高官交流をストップした。そんな中、私は九〇年七月の米ヒューストン・サミットで一貫して「中国を孤立させるべきではない」と訴え続けた。訪中も西側諸国では先陣を切った形となった。中国は私の姿勢にいたく感謝してくれたのだった。

無論、政府が市民に銃を向けることなどあってはならない。だが、中国では西側諸国が常識としているような人権意識が

海部氏（左列奥から2人目）は、首相退任後も江沢民中国共産党総書記（右列手前から2人目）との交流を続けた＝1992年4月、東京・元赤坂の迎賓館で

まだ育っていないことも分かっていた。

私の文部大臣時代、中国の高官が話していたことが印象深い。「十億の人民に一つずつゆで卵を与えることは大変です。まして、十億人にハムエッグズ（卵を二つ）を与えるのがどれほど困難か」

発展途上だった中国としては、まず国民が食うに困らないように国を豊かにすることが先決で、西側諸国が指摘するような人権意識を醸成させる余裕はまだない、と言いたいのだろう。

私自身は当時、中国はいずれ民主化していくだろうと予想していた。文部大臣だったとき、中国高官に義務教育の重要性を説いたことがあった。国の教育行政トップも務めたことがある李鵬首相に「二十世紀の間にやるべきことは」と問われ、同じように答えたこともある。

中国の農村部では義務教育が行き届いていなかったが、都市部では普及がある程度進んでいた。教育が変われば、人権や民主化に対する意識も変わるはずだと私は信じていた。

――李鵬首相は海部氏の訪中に合わせ、核拡散防止条約（NPT）への参加を表明。天安門事件の対応を厳しく批判していた米国もこれを高く評価した。中国の立場をおもんぱかった海部氏に、中国側が外交的成果を用意した。

江沢民総書記は私が首相を退任した後、何度も中国に招待してくれた。毎回、冒頭のあいさつは必ず「六四風波のときは――」で始まった。中国がどれほど国際的な孤立に苦しんだかがうかがえる。

第7章　皇室とのかかわり

1　即位の礼　新憲法のもと現代風に

「私たち国民は天皇陛下を象徴と仰ぎ、文化の薫り豊かな日本の建設と、世界の平和、人類福祉の増進を目指し、努力することをお誓い申し上げます」

首相就任から一年三カ月後の一九九〇年十一月十二日。皇居・宮殿の松の間で行われた天皇陛下の即位の礼。えんび服姿の私は、黄櫨染《こうろぜん》の袍《ほう》をまとわれた天皇陛下、十二単《ひとえ》の皇后さまの前に立って、寿詞《よごと》を読み上げ、万歳三唱する役を務めた。

いかにも伝統的色彩の濃い儀式に映っただろう。だが、これでも新憲法下における近代民主国家の体裁を取るため、私なりに精いっぱいの努力をした。

まずは私の衣装。宮内庁は当初、皇族と同じ衣冠束帯姿で臨席するよう求めてきた。「いくらなんでもこの時代にそれはないでしょう」と、えんび服にできないか訴えた。

戦後の世の中で、庶民として育った私は一般の礼服を着て、皇族の衣装とは区別すべきではないか。古式の装束にはかな

えんび服姿で万歳三唱をし、天皇陛下の即位を祝った＝皇居・宮殿の松の間で

りの抵抗感があった。

皇族のある方は私の妻を呼び出し、「ご主人に、衣冠束帯で出てもらうよう説得してくれませんか」と迫った。それでも断ると、妻は無理やり着せようとしなかった。

もうひとつ、気に掛かったのは首相としての立つ位置。当初、宮内庁は天皇、皇后両陛下より一段低い玉砂利の上で待機し、呼ばれてようやく殿上に行って、寿詞を読み上げ、万歳三唱をするよう求めた。

日本国憲法の基本は主権在民。首相は、民主的な選挙によって主権者たる国民の代表になったのである。一段下にはやはり違和感がある。

式典は、英国のエリザベス女王の代理として出席したチャールズ皇太子をはじめ百五十八カ国の要人が注視する中で行われる。「日本はまだ民主化を遂げていない」と見られかねないと心配だった。

——明治憲法下の一九二八（昭和三）年、京都御所の紫宸殿《ししんでん》で行われた昭和天皇の即位の礼では、束帯姿の田中義一首相（二九年死去）が天皇を仰ぎ見る形で万歳を三唱している。

宮内庁には明治、大正、昭和の各天皇の即位の礼について、式次第や参列者の発言内容まで細かな記録が残されている。担当者からは「総理、前例に従ってやりましょう」と説得されたが、結局私の提案が取り入れられ、えんび服で、陛下と同じ殿上で式典を執り行うことになった。

自我作古（われをもっていにしえとなす）ということわざがある。納得のできない前例なら自らあらため、新しい地平を開く。そんな気構えで新憲法下の即位の礼を乗り切った。

2　大嘗祭　厳戒態勢も不安な夜

皇居に臨時に設けられた大嘗宮《だいじょうきゅう》の外、寒空の下で毛布にくるまりながら、私は飛行機が上空を横切るたびに不安を感じていた。もしかして何かを落としていくんじゃないか、と。

——一九九〇年十一月二十二～二十三日。天皇即位に伴う重要祭儀の大嘗祭が行われた。十日前にあった即位の礼同様、過激派によるゲリラを警戒し、警察官三万人を配備する厳戒態勢だった。

大嘗祭は、即位した天皇が新米を皇祖神に供え、自らも食べる伝統の儀式。密室で行われ、首相であろうと立ち入ることはできない。神道の宗教色が強く、政教分離の原則を厳格に求める人たちからは、二十五億七千万円の国費投入に反対する声が上がっていた。

とりわけ心配だったのは左翼過激派によるゲリラだ。彼らは天皇制の打倒を目指し、そのためには自ら犠牲になっても構わないという悲壮な決意を持っているとされていた。

その年の一月。政府の「即位の礼委員会」が発足したばかりの八日、東京・渋谷の常陸宮《ひたちのみや》邸と京都御所の付近に金属弾が撃ち込まれるゲリラがあった。

常陸宮邸近くの路上に着弾した翼のついた金属弾は、二百メートル離れた乗用車の後部トランクから発射されていた。あんなものを大嘗祭の最中に撃ち込まれたら、危なくて仕方ない。しかも、過激派は何の変哲もない乗用車のトランクやトラックの荷台に発射台を仕掛けているから、事前に見破るのは難しい。警察は大変苦労していた。

大嘗祭は午後六時半から中断をはさんで午前三時まで行われた。ゲリラをする側にしてみれば、格好の標的だった。

警察庁から官邸に出向していた堀川和洋《ほりかわかずひろ》秘書官（元兵庫県姫路市長、二〇〇四年死去）と「どんな事態があっても慌てず式典を続行し、後で責任をとろう」と話したことを覚えている。

式典当日、大嘗宮の外で、私はニュースを逐一チェックするためイヤホンを耳に差してラジオを聞いていた。

飛び込んできたのはゲリラのニュースではなく、英国のサッチャー首相が退陣したというニュースだった。

国際政治における姉貴分として頼りにしていた彼女の退陣は衝撃だった。保守派の代表として、経済が疲弊してい

首相として、大嘗宮の外で、ゲリラの襲撃におびえながら夜を過ごした＝皇居・東御苑で

た英国を長年けん引したサッチャーさんが退くことへの感慨に浸っているうちに、大嘗祭は無事終わった。

ゲリラにおびえたあの夜を思えば、今の左翼の過激派は随分おとなしくなった。経済が豊かになり、過激な左翼思想は影を潜め、左派と右派の対立も以前ほどではない。時代は大きく変わった。

3 欧州随行 首席随員で見守る

皇室の日常生活は規則が細かく、窮屈で大変だろう。そう感じたのは総理大臣退任から一年十カ月後の一九九三年九月。天皇、皇后両陛下の欧州訪問に首席随員としてお供したときのことだった。

確か、最初の訪問国、イタリアでホテルの部屋に入ったときのこと。「あぁ疲れた」と、洋服を脱いでベッドに入ろうとすると、コンコンとドアをたたく音がする。宮内庁の担当者から「陛下にあいさつを」と言われた。

訳を聞くと「首席随員から『きょう一日、ご苦労さまでした』という言葉をいただけないと、陛下は楽になることもできないのです」と説明された。

脱いであったシャツを着て、ネクタイを締め直し、陛下の部屋まで赴いて「大変ご苦労さまでした、私もこれで失礼いたします。お休みなさいませ」と言って戻ってきた。

旅行中も宮内庁の方から細かい指示が出る。例えば、外を歩いているときは「首席随員はもうちょっと前に出てください」。暴漢が現れたら、陛下をお守りするためだ。

あるいは、外国の要人が直接陛下に話し掛けてきたときは、首席随員が引き取って代わりに答える。欧州訪問のときは、ドイツのキンケル外相がしきりと陛下に話し掛けるから「今夜、私のホテルに来てください。何でも答えます」と遮ったこともあった。

首席随員という大役がなぜ回ってきたのか。首相を退き、しかも下野した自民党の一議員。現職の外相や総理、外相経験者が務めるのが通例で、ほかに候補者はいたが、陛下が私に親しみを感じていただいていたからではないかと光栄に思っている。

首席随員として天皇、皇后両陛下の欧州訪問を見守った＝1993年9月16日、ドイツ・ミュンヘン市庁舎で

——天皇にとって、海部氏は二歳年上のほぼ同世代で、即位の時の総理大臣だ。即位後、海部氏は月に一度は皇居に出向き、天皇に国内外の情勢を報告する内奏の役を務め、密接な関わりがあった。

陛下は大変気さくな方で知識欲が旺盛。私の話に「それで」「それからどうなったの」と上手に合いの手を入れる。話が長引くと「昼ご飯を食べていってください」と誘っていただくこともあった。

三十歳前後だった皇太子さまを「同席させてよろしいでしょうか」とおっしゃり、三人で話したこともある。

特に喜んで聞かれるのは外遊の話。普段、自らも新聞を読まれるし、侍従長から国外情勢は聞かれているが、私が外国の要人と接した生の情報に興味をお持ちだった。

ただし、陛下が内奏で何をお話になったかを公にすることはできない。それは歴代の総理が宮内庁長官からきつく申し渡される。陛下とはさまざまな思い出があるが、皇室の厳格な規則に従い、ここで語ることはやめておこう。

第8章　海部おろし

1　政治改革への思い　金権打破が眼目に

長年の与党暮らしに漬かって腐敗した自民党政治をなんとかきれいにしたい。それは、一九八九年八月に発足した海部内閣の使命だった。リクルート事件を契機に噴き出した国民の政治不信を払拭《ふっしょく》するため、「クリーン」といわれた私が総理に担ぎ出されたのだから。

——九一年五月、六十歳だった海部氏率いる自民党は政治資金の透明化などを目指した政治改革関連三法案の要綱骨子を党議決定。海部氏は、強い意欲を持っていた改革にいよいよ着手した。

自民党を内側から眺めてきて、最も世間の常識から遠かったのは金銭感覚だった。最たるものは元総理の田中角栄さん。企業から集めた豊富な資金で大いに権勢をふるった。

極端に言えば、物事を全てカネで決めようとする政治だ。政府の調査会で、政策の優先順位を決めるとき、党にたくさん献金した企業や、選挙で応援してくれた団体が有利になるよう取りはからう。

党内もカネの力で牛耳っていた。今のように国から巨額の政党助成金をもらえる時代ではない。若手議員に必要な選挙資金は所属派閥が用意するのが常識だった。資金力があれば派閥を拡大し、閣僚ポストを独占できる。

弱小派閥の領袖《りょうしゅう》だった恩師、三木武夫さんは故郷の徳島なまりでよく言った。「きんくぇん（金権）政治はいけない。今のこっくゎい（国会）議員はカネを受け取ることに良心の呵《か》責《しゃく》を感じないんだ」

七〇年代のある日の夜、三木さんに「これを返してこい」とボストンバッグを手渡された。田中さんから渡されたというカネが入っていた。おそらく党内の工作資金だ。三木さんはいったん受け取ったが、もらってはいけないと思ったようだ。

気心の知れた田中派の議員にバッグを持って行った。開けてみると中身は三千万円ほど。あのころの田中さんは党内外に大量のカネを配っていた。こうした政治を変えるのが改革の眼目だった。

もう一つの焦点は選挙制度。当時は一つの選挙区から二～六人が当選する中選挙区制。同じ選挙区に自民党の候補が複数いるから、支援者の奪い合いになる。勢い政策論争よりサービス合戦が激しくなり、どうしてもカネがかかってしまう。

旧愛知3区のライバルは同じ自民党で元通産相の江崎《えさき》真澄《ますみ》さん（九六年死去）。どちらかの後援会のバス旅行の

1991年5月、自民党本部で開かれた政治改革本部・選挙制度調査会合同総会で政治改革の推進を訴えた

弁当にエビフライがついていた、とうわさになれば、別の陣営がもっと豪華にする。そんな無用な争いに終止符を打ちたかった。

――海部氏が最も力を注ぎたかった政治改革。しかしそれが「海部おろし」を招き、自らを退陣させる引き金になるとは、本人も想像していなかった。

（メモ）政治改革関連3法案　（1）衆院に小選挙区比例代表並立制を導入する「公職選挙法改正案」（2）企業・団体の献金先を原則的に政党に限る「政治資金規正法改正案」（3）政党に対して国が公的助成を行う「政党助成法案」。3法案の狙いは政党本位の政治に変え、政治資金を透明化することだった。

2　反対派の面々　改革案が政争の具に

――海部氏が力を注いだ政治改革を阻む遠因になったのは、あるスクープ記事だった。

一九九〇年六月。ちょうど自民党内で政治改革関連法案を本格的に議論する一年前、新聞にこんな記事が出た。「竹下派会長の金丸信氏（元副総理）、山梨全県区から新神奈川1区へ」

自民党最大の実力者だった金丸さんが地元を離れ、横浜から出馬するという衝撃的な内容だった。

当時の中選挙区制を今のような小選挙区比例代表並立制に切り替え、区割りが変わった場合、誰がどこから立候補するか。自民党が学者に頼んでつくった未公表の試案が新聞社に漏れた。

若手を優先し、ベテランが大都市の候補者のいない選挙区に移る仮のルールを当てはめた形だが、これを見た金丸さんが怒った。「横浜では選挙なんかできん。俺にやめろということか」。金丸さん以外にも多くの実力者たちが国替えすることになっていた。

古き良き時代のうるさ型の先輩たちから大きな反発が起こった。私は試案づくりにタッチしていないし、これは確定案でない。しかし、記事は改革への疑心暗鬼を生み、後々まで影響を引きずることになる。

それでも、金丸さんら最大派閥の竹下派はこのとき、まだ海部内閣を支持していた。

——翌九一年六月、政治改革関連三法案を党議決定し、いざ本格的に法改正を進めようとしたとき、反対論を唱えたのは宮沢、三塚、渡辺の三派閥だった。

1991年6月、自民党本部で開かれた総務会で政治改革法案の党議決定を求め頭を下げた

いわく、選挙区割りが変われば、長年培った後援会との関係が分断される。しかし、実際に理屈らしい理屈はなかった。ただ反対してこんな法案はつぶしちゃえというのが本音だと感じた。

私憤もあったと思う。特にリクルート事件に関係した議員の入閣を私が断り続けたことへの恨みがあった。宮沢派の加藤紘一さん（元衆院議員）らだ。加藤さんの入閣を断ったとき、宮沢喜一さんから「宮沢派を足蹴《あしげ》になさるんですか」と電話で嫌みを言われたほどだ。

もう一人強硬な反対派がいた。小泉純一郎さん（元総理）だ。当時、都内のホテルでばったり出会った。法案に反対の署名をしたことを知っていたから「本気になって反対しとるのか。賛成しないと将来がないぞ」と脅してやった。総裁の私より十一歳も年下で、まだ四十九歳だった小泉さんは「そんなことは関係ありません」と堂々と言った。

しかし、大義があったとは思えない。長年続いた竹下派支配の打倒が目的だ。彼は私のところへ来て言ったことがあった。「海部さんが悪いとは思っていない。竹下派の支配がいけないんだ」

私のこだわった政治改革は、残念ながら政争の具にされた。

3 痛手　蔵相秘書が絡む醜聞

私が全精力で進めた政治改革に党内から反対論が湧き起こる中、海部政権にとってさらに痛手を被る出来事があった。

蔵相だった橋本龍太郎さんの秘書が、富士銀行（現・みずほ銀行）の不正融資事件に関与していたことが発覚した。一九九一年八月のことだ。

――事件のあらましは、富士銀の支店課長らが取引先に架空の預金証書を発行し、それを担保に融資専門の複数のノンバンクから計七千億円の融資を引き出した――というもの。これらの融資金は株の仕手戦や地上げに使われたとされる。橋本氏の秘書は支店課長に知人を紹介し、融資を斡旋していた。

野党には格好の追及材料だった。「金融行政の最高責任者である蔵相の秘書が不正融資にかかわっていたことは常識では考えられない」。社会党や民社党がこぞって橋本さんの責任を問題にし始めた。

その年の六月、証券会社が大口顧客の株取引による損失を補填《ほてん》してい

1991年8月、橋本龍太郎蔵相は衆院本会議場で秘書の不正融資仲介問題について陳謝した

た証券不祥事が表面化。そちらでも橋本さんは蔵相として監督責任を問われていたからダブルパンチだった。

私は橋本さんについて、「証券取引法の改正を含めてきちっと前向きに解決することだ」と発言し、証券不祥事への対応を優先させることにした。

実は、早大雄弁会の後輩で何でも言い合える仲だった幹事長の小渕恵三さん（元総理、二〇〇〇年死去）に、蔵相の後任を引き受けてもらう考えも頭に浮かんだ。

しかし、小渕さんと橋本さんはともに「竹下派七奉行」と呼ばれた有力者同士。同い年の二人は特に激しく競い合い、互いに自分が格上だと考えていた。辞任したライバルの後釜に据えられたとなれば、小渕さんの自尊心を傷つける。

結局、橋本さんには十月にタイで開かれた先進七カ国蔵相・中央銀行総裁会議（G7《ジーセブン》）が終わるまで務めてもらうことにした。

橋本さんは海部内閣発足当初から二年二カ月、副総理格の蔵相という重責をよく担ってくれた。

斜に構えてものを言うタイプだから、本音を言えば、同じ後輩なら腹蔵なく話し合える小渕さんの方が使い勝手が良い。

でも、党内基盤の弱い海部内閣を支えていた実力者、竹下登さんに「信頼している人を大蔵大臣に推薦してほしい」と頼んだ手前、断るわけにもいかなかった。「龍《りゅう》さま」と呼ばれ人気もあったから。

ともかく、橋本さんの秘書が絡むスキャンダルが発覚したのは痛かった。長年続いた竹下派支配を打倒しようとしていた宮沢喜一さん、渡辺美智雄さん（一九九五年死去）、小泉純一郎さんらを、勢いづかせる結果になったのだから。

4 寝耳に水の廃案　頭をよぎった解散

予想もしない事態に遭遇して、カッと頭に血が上った。一九九一年九月三十日午後三時。衆院の委員会に出席していた私の元に一枚のメモが届いた。

「政治改革関連三法案は審議未了で廃案の取り扱い」。そのとき、衆院の別室で行われていた政治改革特別委員会理事会。委員長だった小此木《おこのぎ》彦三郎さん（元通産相、九一年死去）が突如、審議を打ち切った。

「なにぃ、廃案だと」。委員会は三日間、十八時間審議しただけで、国会の会期切れまで四日も残っている。まして、総理の私に何の断りもなく審議を打ち切るのは許せなかった。

すぐに幹事長の小渕恵三さんを呼んだ。「これはいかん。ど

小此木彦三郎元衆院政治改革特別委員長

うしてくれる」。小渕さんも迷っていた。

というのは、海部内閣を支えていた実力者の竹下登さんと竹下派会長の金丸信さんの考えが微妙に違っていたからだ。

金丸さんはだめだからやめろ（廃案にしろ）というに決まっているが、竹下さんは「うーん、どっちでもええ」。法案に対する二人の態度がいまひとつ、つかみきれない。思わず小渕さんにぼやいた。「君も困っただろうが、いちばん困ったのは俺だ」

当時自民党の国会対策委員長だったのは梶山静六《せいろく》さん（元通産相、二〇〇〇年死去）。彼は、意見の割れている政治改革関連法案を党内で押し切る自信がないと思った。そこで小此木さんにギブアップ宣言してもらった、という説を聞いたことがある。

私はそう思わなかった。梶山さんはひとかどの人物だし、党で決めたことに正面切って反対しないだろうと。ところが後で聞くと、政治改革特別委員会の中で、梶山さんも先頭を切って廃案に動いていたらしい。これが私の甘いところだ。

――廃案を伝え聞いた海部氏は、せめて継続審議にと懸命に動き回った。

小渕さんは「党がせっかく決めた政治改革関連法案をつぶすことは何とか避けて、幹事長の責任で継続審議だけは取り付けたい」と言った。もう一度、小渕さんが竹下さんと金丸さんに根回しすることになった。

この時は継続審議の望みがあると思っていた。万が一、廃案が正式に決まったら解散に打って出る考えも浮かんだ。

政治改革への賛否はともかく、解散した場合、金丸さんは私を支持してくれる自信があった。というのは、小此木さんが法案廃案を宣言するわずか五日前、金丸さんは「海部首相に対する高い国民の支持は無視できない」と述べて、次の総裁選（一九九一年十月）で私を続投させる意思をにおわせていたのだから。

5 重大な決意 金丸氏の「ダメ」に断念

肝いりだった政治改革関連法案が知らぬ間に衆院の委員会で廃案にされた翌日の一九九一年十月一日、新聞各紙の一面に大きな見出しが躍った。「海部首相 重大な決意」。政界でこの表現が使われるとき、意味するところは一つしかない。

つまり、私が衆院解散に打って出て、選挙で改革の是非を問うということだ。しかし、真相は微妙に違う。

前日の九月三十日、法案を廃案にされたことを受け、緊急に幹事長の小渕恵三さんら党四役を官邸に呼んで会議を開いた。

この場で私は「重大な」とか「決心で臨む」とは言った。それが新聞記者に「重大な決意」

と伝わり、解散するつもりと全国に広まってしまった。

確かに、解散は頭の中にあった。しかし、法案を継続審議する可能性が最終的に絶たれたときには、解散することになっても構わないというのが真意。いわば「未必の故意」というやつだ。

その日、海部内閣を支えていた竹下登さんと竹下派会長の金丸信さんに電話で直接、解散の了承をとった。二人とも北海道にいて、竹下さんは「総理がそう思ったらしょうがない」、金丸さんも「重大というなら解散をやったらいい」と言ってくれ、私は意を強くした。

私自身の最低目標は法案の継続審議と、衆院議長のもと与野党協議機関を設立することだった。

ところが、翌十月一日、与野党国対委員長会談では、私が求めた「院の正式機関」でなく、「政党間の協議機関」であっさり合意され、望みは絶たれてしまう。

石原信雄さん、大島理森《ただもり》さんの両官房副長官が全閣僚に解散に対する意見を確認すると、

1991年10月4日、海部氏は金丸信氏らの反対に遭い、衆院解散を断念した

賛成派の閣僚は三分の一にも満たなかった。つまり、解散は党分裂を引き起こしかねない賭けになる。

情勢が厳しいことは百も承知。それでもいちるの望みを懸け、十月四日の閣議に臨んだ。ここで、閣僚に解散を求めるつもりだった。

しかし、当日午前八時前、橋本龍太郎さんから電話が入った。「すまんが、俺は悪いことが起きるような気がする」

どうも様子がおかしい。気になって、閣議開始十五分前の八時四十五分、金丸さんに電話を入れた。あまりにも冷たい声で彼は言った。「解散はだめだ」

――一九八九年八月の海部内閣発足以来、弱小派閥・河本派出身の海部氏を支えてきた金丸氏。その変心は、政権の生命を揺るがすほど大きな力があった。

6　退陣　不退転……結局実らず

政治改革関連法案に対する党内の反対の声を受け、衆院解散も辞さぬ覚悟だった私に、海部政権を支えてきた金丸信さんはノーを突きつけた。

次の党総裁選で私の続投支持をにおわせていた数日前から一転、完全に心変わりしてしまった。九一年十月四日のことだ。

それでもなお、党が分裂する覚悟で解散に持ち込む手はあった。直近の内閣支持率は56・7パーセント。選挙をやれば十分勝てる数字だ。しかし、閣僚の腹を探ると、半分以上が解散に反対だった。

すべてを懸けて取り組んだ政治改革が身内に理解してもらえない。むしろ、海部政権打倒、竹下派支配の終息を狙う政争の具にされた。

夜、床についても自分の考えが理路整然とまとまらない。いろいろな政治家の顔が代わる代わる浮かんでくる。全く良からぬ話だが、もし自分にピストルがあったら、弾が何発残っているか調べて、正確に撃って、反対派をつぶしてやりたいとまで妄想した。

そんな私をいさめたのは、最後まで海部内閣を支えた河本派の先輩、鯨岡兵輔《ひょうすけ》さん（二〇〇三年死去）だった。

「これで解散したら、独裁者の名を後世にとどめることになる。日本の議会政治に大変な汚点をつけることになるぞ」。

恩師の三木武夫さんも、総理だった七六年、政治改革を掲げて解散寸前までいったが、党内の大勢が反対に回り断念。このとき言った「わしは独裁者じゃないからな」という言葉が頭に浮かんだ。

三木さんの教えを受けた私は、全てを敵に回してでも「行けーっ」というような、田中角栄さんみたいな突進力は湧いてこなかった。

仮に選挙をやって勝ったとしても、もう自民党を全部引っ張っていくだけの自信やゆとりはなかった。私の弱さはそういうところに尽きるかもしれない。

——結局、海部氏は解散を断念。一九九一年十月末にあった総裁選への出馬も見送り、二年三カ月にわたった海部政権は幕を閉じた。

不退転の決意で取り組んだ政治改革を実らせることができなかった。結果を謙虚に受け止め、総裁任期満了をもって内閣を総辞職すべきだと判断した。

あのとき、政治改革はなぜ成功しなかったのか。浮かぶのは九〇年二月の衆院選。自民党は大勝し、リクルート事件のみそぎが済んだことになり、改革機運はしぼんだ。国民から厳しい審判を受けていたなら、もう少しまじめに取り組まざるを得なかったはずだ。

結局、総理の後を託した宮沢喜一さん（一九〇七年死去）も政治改革を実

1991年10月5日、首相官邸で記者会見し、次期総裁選に出馬せず、退陣することを表明した

現できなかった。改革が日の目を見たのは皮肉にも、非自民の細川連立政権時代。一九九四年のことだ。

第9章　漂流、そして引退

1　自民分裂　金丸氏失脚で激震

海部内閣を陰で支えながら、最後は続投を阻んだ自民党・竹下派会長の金丸信さん（元副総理、一九九六年死去）。私の運命を左右した政界のドンは、後にスキャンダルにまみれ、自民党の存続を揺るがす激震を招いた。

――一九九二年九月、金丸氏は東京佐川急便から五億円のヤミ献金を受け取ったとして政治資金規正法違反罪で東京地検に略式起訴され、その翌十月に衆院議員を辞職。

九三年三月には日本債券信用銀行（当時）の割引金融債の脱税容疑で逮捕された。脱税額は十億三千万円余に上った。

金丸さんの失脚を受け、竹下派は「金丸氏直系」の小沢一郎さん、羽田孜さん（元総理）らの「羽田派」と、「竹下氏直系」の小渕恵三さん（同、二〇〇〇年死去）や橋本龍太郎さん（同、〇六年死去）らの「小

1992年8月27日、東京佐川急便からの5億円の献金を認め、自民党本部で副総裁辞任の会見をする金丸信氏。10月14日には議員辞職した

渕派」に分裂してしまった。

それから武村正義さん（元官房長官）らが離党して新党さきがけを結成。さらに羽田派も離党して新生党をつくった。結党から政権の座を守ってきた自民党はめちゃくちゃに壊れた。

なぜ、金丸さんの存在はかくも大きかったのか。

彼は私たちの間で「アバウトスキー」の異名で通っていた。何事もいいかげんで、私が「なぜそんなにカネが集まるんだ」と聞くと、「まあな、寄せてくりゃ集まるよ」と人を食ったように答える。

田中角栄さん直伝で、カネの力にものをいわせて野党まで言うことを聞かせてしまう。例えば、何かの法案を野党に反対される。「海部君、○○党の議院運営委員会理事を呼んでこい」と言われ、呼んでくると、一杯飲みながら、裏でごそごそやっている。そのうちに野党が折れる。金丸さんに頼むと話が早いんだ。

「清濁」ではなく「濁濁併せのむ」。橋本さんや小渕さんは「そのうち尻に火が付くぞ」とうわさしていた。

けど、いなくなると存在の大きさが分かる。誰かが汚れ役をやらなければ党も国会の運営もままならない。それぞれ言いたいことを言わせ、最後にまとめる。そういうリーダーはなかなかいない。

竹下派でも、橋本さんは少々理屈っぽい。私の次の総理になった宮沢喜一さんも頭はいいけど、恩師の三木武夫さんが総理のとき、外相でありながら内閣を守らなかったし、私の総理時代も海部おろしの一端を担った。

宮沢さんが総理の時の九三年六月、野党が出した内閣不信任案に、同じ自民党の羽田派が賛成する羽目になった。そういうときこそ日ごろの人間付き合いの結果が出る。とにかく、あのころの自民党はまとまりが悪かった。

2 政権交代 自民飛び出す決意

一九九三年六月、自民党が分裂を起こすと、総理を退任してまだ一年半余りだった私の周辺が急に慌ただしくなった。二つの新党から党首としての誘いを受けたのだ。

一つが新生党。自民党時代、政治改革に協力してくれた党首の羽田孜さん、総理時代、幹事長として片腕になってくれた代表幹事の小沢一郎さんら、旧知の政治家がたくさんいた。

新党さきがけからも誘われた。声を掛けてきたのは、同じ三木派でかつてお世話になった井出一太郎さん（元官房長官、九六年死去）の息子の井出正一さん（元さきがけ代表）だった。

そのときは少数政党に行きたいとは思わなかった。自民党の中でも河本派という少数派閥で政権を率いる苦労をして、ほとほと疲れ果てていたのだ。育つか育たないか分からないような政党の党首に急になったとしても、その党すらまとまらないんじゃないかとも思った。

――海部氏の懸念をよそに新生党やさきがけは他の野党との連携を模索。一九九三年七月の衆院選で自民党が過半数を割ると、日本新党、社会党などと七党一会派による非自民の細川政権を発足させた。五五年以来、三十八年間一党支配を続けた自民党が初めて下野した。新生党の代表幹事だった小沢氏が陰で剛腕を発揮したとされている。

1993年8月6日、衆院本会議場で首相に指名された日本新党代表の細川護熙氏

私も随分付き合ったから分かるが、小沢さんという男は類いまれな政治家だ。「やりましょう」と言って、約束したことは少々無理でもやってしまう力強さがある。自民党のボスだった金丸信さんに育てられた弟子だから金丸さん流だ。

しかし、小沢さんらが総理に担ぎ上げた細川護熙さんが佐川急便からの一億円借り入れ問題などの責任をとって約八カ月で辞任してしまう。

野党だった自民党は細川さんのあら探しを随分やった。誰があのネタを探し出してきたか知らないが、細川さんも脇が甘かったのだろう。

——細川氏の辞任を機に与党の一角だった社会党が連立政権を離脱。羽田氏が後継総理になったが、社会党との政策協議が不調に終わったため在任六十四日で総辞職した。

政界は荒波に見舞われていた。今度は自民党が社会党と連立を組んで過半数を取り戻そうと、村山富市さんを首相指名選挙に擁立することを決める。宿敵だった社会党の村山さんとは一緒にやれないと思った私は、三十三年お世話になった自民党を飛び出す決意を固めた。

3 離党　後援会の励まし「俺は海部党」

二十九歳で衆院議員に初当選してから三十三年。ひよっこの一年生だった私を大切に育て、私も誠意を持って尽くしてきた自民党。愛着ある古巣を六十三歳になって離れることになろうとは。一九九四年六月のことだ。

——社会党の離脱によって少数与党となった羽田連立政権に、野党だった自民党が内閣不信任案を突きつけ、総辞職に追い込んだ。さらに、長年対立してきた社会党と手を組み、委員長の村山富市氏を首相指名選挙に擁立する。

与党に返り咲くためとはいえ、考え方も手法も全く異なる二党が協力するアクロバットのような話。これは野合だ。許せなかった。

首相候補が村山さんというのも私のかんに障った。保守政党の自民党が社会党左派の彼を擁立する節操のなさだけではない。私の総理時代、何をするにつけ「はんたい、はんたーい」と突っかかってきたのが彼だった。

思い出されるのは一九九〇年。湾岸危機で多国籍軍に資金を拠出した政府の対応を、ときの社会党委員長土井たか子さん（元衆院議長、二〇一四年死去）が「Too late, too little（支援の決定が遅過ぎる、少な過ぎる）」と批判した。一緒になってけしかけていたのが村山さんだ。

堪忍袋の緒が切れた私が「じゃあ土井さんだったらいくら出したんですか」と逆に問い詰めたことがある。隣にいた村山さんが「総理は質問に答えればいいんだ」とやじを叫んでいた。

――村山氏擁立に動いた自民党に対し、六党一会派の連立与党側にいた新生党の代表幹事、小沢一郎氏らも策を練った。総理時代、人気の高かった海部氏を自民党から引き抜き、各党統一首相候補に押し立てる作戦だった。

1994年6月27日、新政権を目指して話し合う（左から）久保社会党書記長、村山委員長、河野自民党総裁、森幹事長

私が離党するといううわさが広まると、ときの総裁、河野洋平さん（元衆院議長）と幹事長の森喜朗さん（元総理）が私の事務所に飛んできた。

「思いとどまってください。残留するための条件があれば聞くから」。私は突っぱねた。「これは条件闘争じゃないんだ」

いざ、自民党本部に離党届を出しに行こうとしたとき、押しとどめに来たのが当時小渕派会長だった小渕恵三さんだった。

「行っちゃあいかぁん」。そう言って私を羽交い締めにする。彼は合気道の有段者で腕っ節が強い。小柄な私は身動きが取れなくなった。早大雄弁会時代から付き合った後輩の思いはうれしかった。でも気持ちは変わらなかった。

地元の後援会幹部ら五人ほどに電話で離党を告げると、こう言ってくれた。「俺は海部党だ。どこへ行っても応援する」

4　新進党　躍進も3年で解党

現総理、安倍晋三さんもそうだが、私も時期を隔てて二度総理になった人物として歴史に名を残すまで、あと少しのところだった。

――一九九四年六月二十九日、海部氏は自民党を離党。新生党、公明党、日本新党など連立与党に推され首相指名選挙に出馬した。しかし、自民党、社会党、さきがけが立てた社会党委員長、村山富市氏に僅差で敗れた。

第一回投票では村山さんが二百四十一票で私が二百二十票。ともに過半数に達しなかったため行われた決選投票は村山さんが二百六十一票で私が二百十四票だった。

自民、社会両党の一部が造反し、票が私に流れてきていた。正直に言えば、もう少し社会党の中の「反村山」勢力から票が回ってくる見込みだった。

政策や理念の異なる自社両党が手を組んだことに異を唱えての出馬だけに、結果は悔しいなんてものじゃなかった。ただ、票差を見て分かるように非自民勢力は自社両党に迫る力を保っていた。

次の国政選挙は、くしくも地元であった九四年九月の参院愛知選挙区再選挙。新間正次さんが学歴詐称で当選無効になったため行われた。

私は新生など旧連立与党の十党派が推す都築譲さんの選対本部長を務め、何度も地元・愛知に入り、必死で訴えた。自、社、さが推す新人に三十八万票もの差をつけて圧勝した。

これが弾みになって非自民でまとまる機運が高まった。そして生まれたのが新進党だ。党首は私。幹事長には小沢一郎さんが就いた。

清新なイメージで国民の心をつかみ、すごい追い風が吹いた。北海道、岩手、三重県知事選を制し、九五年七月の参院選は改選前と比べて二倍の計五十六議席を獲得。比例代表は自民党を上回る千二百五十万票を集めた。

このままいけば政権を奪取する勢いだった中、私は「君は期待されているし、もうちょっと泥をかぶって責任ある仕事をやってみては」と、党首の後任を小沢さんに譲った。一九九五年十二月のことだ。

1994年9月、参院愛知選挙区再選挙では、都築氏（中央）の選対本部長を務め、圧勝に導いた

でも、寄せ集めの組織にきしみが出てきた。私は本気になって政治とカネの問題をきれいにしていこうと訴えたが、中には改革という言葉を使って選挙に勝てばいいという人もいる。そこが本物と偽物を見分ける分岐点だった。小沢さんの強引なやり方に嫌気が差してしまった人もいた。

政権交代を狙った九六年十月の総選挙では自民党に負け、羽田孜さん（元総理）、細川護熙さん（同）らがどんどん離党した。

結局、新進党は九七年十二月に解党。飛ぶ鳥を落とす勢いだった新党は三年でばらばらになってしまった。

5 10年ぶりの復党 迎えてくれた自民

新進党解党後、無所属で活動していた一九九八年の秋。仕事を終えて東京・永田町の事務所に戻ると、通路に突っ立って私を待っている男がいた。

自由党党首だった小沢一郎さんだ。真剣なまなざしで「党の最高顧問を引き受けてほしい」という。

彼には一度ならず煮え湯を飲まされていた。総理のときは自民党幹事長の職を途中で放り出したし、彼が新進党党首のときは自ら党を解体してしまった。

いつにない殊勝な態度をとられると同情するというか、ほろっとしてしまう。彼が今までしてきたことも私の受け止め方が悪かったと考えて、自分の責任として乗り越えていけば今後はいい結果が出るんじゃないかと、そのときは思った。

自由党は翌九九年一月、自民党との連立政権に参加した。しかし、連立に公明が加わると、政策が実現できないと考えた小沢さんが政権からの離脱を言い出して揺さぶり、さらに自民党との合流を要求した。

二〇〇〇年四月、時の総理、小渕恵三さんと小沢さんの党首会談で合流問題は決裂。その直後、小渕さんは脳梗塞で倒れてしまった。

倒れる直前、記者会見中に言葉を失ったのをテレビで見て、「あの恵三がどうしたんだ。様子がおかしい」と心配だった。入院先の病院に駆けつけたが、もうしゃべることはできなくなっていた。私が手を握ると握り返してきた。それが最後の思い出になった。

小渕さんはひた向きで物事を突き詰める性格。人の言うことを真剣に受け止め、うまくいかないと自分のせいにする。それが命を縮めたのではないかと残念でならない。

――小沢氏率いる自由党は政権を去った。海部氏は離党し二〇〇〇年四月、扇千景氏（元参院議長）らと保守党を立ち上げた。しかし、選挙のたびに所属議員が減少。〇二年末、民主党離党組を迎えて保守新党とあらためたが、〇三年十一月の選挙で代表の熊谷弘氏（元官房長官）まで落選。議席は四まで減った。

刀折れ矢尽き、万事休した。そんなとき、自民党から復党の誘いがあった。一人で戻るわけにはいかないが、自民党との合体という形ならと受け入れた。もう潮時だった。これ以上痩せ我慢をしてもだめだと思った。

2003年11月、自民党本部の総裁応接室に肖像写真が再び飾られ、当時の安倍幹事長（左）と笑顔で並ぶ

二〇〇三年十一月、およそ十年ぶりの復党を自民党の議員は歓迎してくれた。永田町の党本部に出向くと、時の党幹事長だった安倍晋三さん（現総理）が「きちんと掃除して、倉庫の中にしまっておいたのです」と、歴代総裁の肖像写真の中で外されたままになっていた私のを再び掲額するよう係員に指示した。

6 初めての敗北 「生者必滅」悔いなし

二〇〇九年の夏は平年並みの気温だったというが、私にはひどく暑く感じられた。議員在職四十九年、全国最多十七回目の当選を期して臨んだ衆院選。始まる前から苦戦は分かっていた。

その六年前。保守新党から自民党への復党の様子をテレビで見た、著名な大学病院の院長から電話をいただいた。

「あなたの歩き方は少し足を引きずっている。どこか関節が悪いのではないか。一度診て差し上げるのでいらっしゃい」。自覚していなかったのだが、脚が弱っているという。

検査の結果、明らかな原因は分からなかった。しかし、そのままでは良くないということで、週に二回、リハビリテーションに通うことになった。

それから六年。脚を鍛えたつもりだったが、真夏の激しい選挙戦には耐えられなかった。揺れる街宣車の上でしゃべるには、よほど足腰がしっかりしていなければいけない。しかしこのときは立っているのがつらく、長くできなかった。

街頭演説ができないと、私の売りがなくなってしまう。政治家の子息でも財産家の跡継ぎでも高級官僚出身でもない。特別な肩書のない庶民が五十年近くやってこられたのは、高校時代から鍛え続けた演説の力だった。それが発揮できなくなれば年貢の納め時だ。

――二〇〇九年八月の衆院選愛知9区で海部氏は政治家人生で初の敗北を喫し、引退を決意した。

負けるのは初めてのことだった。秘書も記者会見の場所をどこに設定していいか分からず慌ててしまっている。通常、勝った場合は事務所の外でするものだが、私から「中でやろう」と言った。敗戦のときは晴れがましい場所へ出て行って演説をぶつわけにはいかないから。

「『生者必滅《しょうじゃひつめつ》』。残念ながら、志と反して今日の結果を見ることになりました。今までうそのない、きれいな政治ができた。『その方向でやれ』と背中を押してくださった皆さんにお礼を申し上げる」

涙を出してめそめそしたり、みっともない言い訳をしたりしてはいかんと自分に言い聞かせ、最後に支援者の方々に向かって頭を下げた。

引退に悔いはなかった。胸に手を当てればすぐに分かる。若いころのような「社会党の村山富市さんなんかに負けるものか」「政治改革を最後までやり抜く」といった燃える炎が消えかかっていた。現在は東京で静かに暮らしている。現役のころは厳しいこともつらいこともあった。それも全部のみ込んで食べてしまった。今は楽しいことしか思い出さない。

――政界を去った海部氏は、二〇一一年に愛知県名誉県民、また同年、一宮市名誉市民となった。

2009年8月に引退して以降、東京で静かな日常を送っている＝14年11月、東京・永田町の海部事務所で

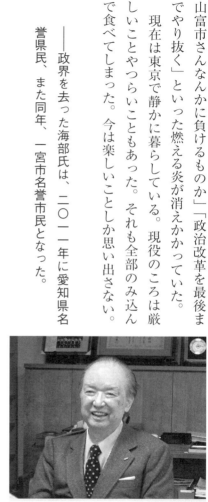

第10章　語りきれなかった思い出

ほぼ原稿も整理され、校正も終わる段階になってから、折角回想録をまとめるなら、あの事もこの事も記しておきたい、という思いが膨らんでくる。そこで、最後に思い出すままを、いうならば随想風に書いたものを追記することにした。

ケネディ演壇腰掛け事件と欧米視察

米司法長官のロバート・ケネディ氏が一九六二年の二月に来日し、早稲田大学大隈講堂で講演した折、控室で恩師・時子山常三郎《ときこやまつねさぶろう》先生から長官を紹介された。講演終了後、司会者が質問を受け始めた時に想定外の事がおこり、会場が騒然となった。講師が土足で演壇に腰掛けたからだ。「演壇腰掛け事件」である。呼んでおいて失礼だと思ったが土足で演壇はまずい。中止を決断して校歌合唱でその場の騒動を収めた。

先方もそのままではまずいと思ったのか、数日後にアメリカ大使館のセリグマン氏が私の議員会館の部屋を訪ねてきた。例の騒動の詫びを言い「一度、アメリカ合衆国を視察に来て下さい」と国務省からの招待状を差し出した。実はその時、国会議員として初の日独青少年交流計画に参加を決めていたので、その旨を率直に伝えた。すると、ドイツでの日程を消化した後にワシントンに向かってもらえば「ノープロブレム。エブリシングオーケーではないか」ということになり、私は一カ月近く欧州を視察した後、その足でアメリカを訪問することにした。余談だが、この時同行した仲間でつくった『ブランデンブルグ会』は、その後も年一回の会合を重ねている。先日その会も五十年を迎え、私の叙勲の祝いを兼ねて皆が集ってくれた。家内も参加して楽しい時を持てた。

アメリカから帰国後、後援会の総意で帰国報告演説会を選挙区の各市町村で開くことが決まり、欧州と米国視察の話をして歩いた。次回の総選挙対策含みなので、私の話にも熱がこもった。振り返って考えてみると、この地元回りが地盤づくりに大変役に立った。それぞれの村や町での付き合い方は違うにせよ、私の地盤の中心はやはり愛知県尾西《びさい》市を中心とする旧中島郡、いわゆる尾張部だった。今までまとまった後援会がなかった町村や地域でも報告会を開いて、訪ねて回った。「ここは江﨑眞澄《えさきますみ》派だから表立ってはできないが……」と言う人にも、「また来ますから宜しく」と握手をしながら丁重に挨拶した。またサトカン（佐藤観次郎）派の地区では、演説会が終了すると名物の牛蒡《ごぼう》入り御飯の大盥《おおだらい》を囲んで食べるところがあり、私も積極的に参加し、次第に皆と親しくなって仲間意識も出来上がった。それぞれの御家族や近所の人たちに大変お世話になったものだ。

ただ本人の私が告白すれば、実は、お酒に弱く、飲むことが苦手だった。特に宴席が続く日は赤い顔を見せない、千鳥足はいけないと気を使った。そのうち後援会の中で「代議士には飲ませるな」の合言葉が広まり、やっとひと安心となった。

合気道との出会い

地元一宮市に岩田一という先輩がおられた。気骨のある人物で、一宮市議会議員の傍ら合気道の道場も開いていた。合気会道主を紹介するので上京の折りに練習しないかと誘われ、田沢吉郎《きちろう》、中川一郎君ら議員仲間と入門することにした。

合気《あいき》会本部道場は神楽坂の上にあり、議員宿舎とは比較的近い場所であった。

朝七時に準備運動と道場の掃除から始め、実技の練習を行い、開祖・植芝盛平《うえしばもりへい》翁の直接指導を受けることになった。何事ならんと道場に陣取った朝組生の前で、先ず田沢君が小声で「この爺さん、投げちゃうよ」と宣言し、植芝道主といの一番に取り組んだのだが、あっという間に倒されてしまった。次の中川君は押したり引いたり頑張ったが駄目。最後に私。道主から「どこからでもかかってこい」と言われ、我流の空手チョップで首を打ったのだが、手を返され、横に倒されてしまった。

そののち何年かは三人で練習に通い、壮快だった。暫くして三人は政務次官となった。毎週火曜日に政務次官会議があり、朝練習に通うことが難しくなってしまった。折角のチャンスなのに残念だったが、今も合気会役員代表という立場で合気道との関わりは持っている。

合気道の開祖・植芝盛平《うえしばもりへい》。（1969年死去） 写真提供＝公益財団法人合気会

夢だった青年海外奉仕隊

私は持論として、『青年海外奉仕隊』を考えていた。当選間もない頃から、必ず実現したいという思いは続いた。私がいた自民党青年局は組織委員会に属していて、政策立案には政調会での議決が必要となる。難しいかと思ったが、意外なことに三木武夫さんは、日本の青年が海外で活動することに「いい考えだ、是非やりなさい」とゴーサインを出してくれた。派閥内では毛利松平氏、伊藤宗一郎氏が大賛成だった。肝心の青年局でてこずった。当時の青年局学生部次長だった橋本龍太郎君は一言居士で、知恵者らしく細かい心配事を並べ立て、原則的に反対ではないが、しかし兎に角心配だと水を差す。「局長の考えであれば青年局役員（各派閥から出ていた）会議を開きましょう。ただ最終的に政策審議会、総務会が通るのか」と大演説をぶった。すかさず塚田徹君が「つべこべ言われても、いい事には間違い

ない」と発言。次に西岡武夫君が「折角青年局が出来たのだから、何かやりましょう。存在感も必要です。私は大賛成だ」と髪を振り乱して熱弁を振るう。それを最後に話はまとまった。心配していた総務会も無事に通り、その年の自民党大会では党の看板政策となった。

早速、活動部隊創設のために委員会をつくることになった。金額は忘れたが調査費も付き、現地調査を考えた。前年にアメリカの平和部隊本部を視察してきた坂田道太、毛利松平両先輩議員を委員会の顧問に迎えた。竹下登先輩にも顧問就任を依頼したが、結局委員会の筆頭副委員長に就任して汗をかいてもらうことになった。

現地調査も多士済々となり、この段階から民間の有力指導者にも加わってもらうことになる。末次一郎氏、奥田吉郎氏、そして青年団の全国組織である日青協《にっせいきょう》の代表・高橋弘氏が参加した。これで自民党の委員会と民間青年団体が一丸となっての準備が始まった。

初回の合同会議では名称の問題も出た。青年奉仕隊という呼び方は「卑屈だ」という意見が出て、堂々とした名称を付けようということになり、『日本青年海外協力隊』と命名することになった。以来五十年の間、党の看板政策の一つとして着実に発展し、成果を上げている。

衆議院では常任委員会を二つ持つことができるので、私は迷わず中小企業と繊維対策の委員会を選んだ。ちょうど日米繊維交渉の激しい時期であった。繊維対策委員会では委員が直接アメリカに行って商務長官と話し合うことになり、私もメンバーに加わって機内泊を含めて二泊三日という強行スケジュールで訪米した。私は「被害なきところ規制なし。もしアメリカに被害があれば、資料でその内容を示してほしい」と会議の場で主張した。

ところが、せっかく日本を代表する「輸出貢献企業」として政府から表彰されるまでに成長させた愛知県の繊維企業に、アメリカやアジア諸国から苦情が届くようになる。日本の「1ドルブラウス」が市場を席巻しているという。

しかし低価格のメイドインUSAのタグが付いた品物を調べてみると、実はメイドインチャイナであることが分かった。人件費が安い上に十倍も労働力を持つ中国が、日本の繊維業界の前に立ちはだかったのだ。地元の繊維業者は、危機突破愛知県繊維工業者総決起大会を開いて対策を講じたが、結局は、業者自身が生産規模の適正化を図ることとなった。それまでの好景気と輸出好調で増えすぎた織機《しょっき》の登録制度を確立し、組合に登録のない無籍織機（闇《やみ》織機）は認めないこととなった。

その頃、私の後援会長であり日本毛織物等工業組合連合会（毛工連）の理事長だった小川四郎兵衛《しろうべえ》氏（元・尾西《びさい》市長　一九七七年死去）は、庶民金融の窓口である尾西信用金庫の理事長も兼ねる地元の名士であったので、繊維業界の声はまとまりやすかった。小川理事長の尽力により繊維企業の無籍織機解消対策、構造改善対策も進み始めたかに見えたのだが、今度は窓口となる親企業と下請け企業の間で低工賃を巡って対立が始まった。

この対策として適正工賃を策定し、下請け企業救済を行うこととした。しかし、地元で座談会を開いて歩いて回っていると、毛織の下請けから、トヨタ系の自動車部品製造の下請けの更に下請けに転ずる企業も出てきていた。「ガチャンと織れば、万《まん》の金が儲かる」と言われたガチャマン時代は、すでに終わりを告げようとしていたのだ。

仕方なく、中小企業健全育成という大義名分で無籍織機をなくすことを優先とした。自民党繊維対策特別委員会も支援を決め、各地域の毛工連、綿工連、スフ工業界の賛成を取り付け、繊維対策は動き出した。問題は、国が無籍織機を買い上げる資金だ。世間相場は一台五万円と言われていた。

私は無籍織機をなくし企業の体質改善をはかるための資金の相談に、通産大臣の田中角栄さんを訪ねた。案内してくれたのは久野忠次氏。田中大臣は私の顔を見るなり「よっし、分かった。一台十万円で買い上げればいいだろう。一億円あれば千台処理できる」と言い、秘書官にメモを渡して大臣室を去った。

叙勲の際のトラブルは年中行事だ。一九七二年、私の後援会長であった小川四郎兵衛氏（毛工連理事長）にも推薦の順番がきた。当時の通商産業省から総理府賞勲局へと該当者の名簿が上がってきた。毛工連は、小川理事長の件で通産省より勲四等旭日章該当者として内定通知を受けた。

しかし、それを聞いた小川理事長は「俺はそんな安物か！」と怒り出し、事務局は困ってしまった。尾西毛工組合の職員で、海部後援会青年部の幹部であった水谷治夫君が飛んで来て、「理事長は大変な剣幕です。なんとかしてください」と私に訴えた。私も何度も賞勲局へ足を運び、局長とも話し合った結果、その年は辞退する事にし、申請書類を翌年再提出する、ということにした。そこで勲三等旭日中綬章に昇格させるという算段だ。「初めからこうしてくれれば良かった」と破顔一笑、小川理事長もようやく機嫌を直し、毛工連も喜んでくれた。

しかし、力で横車を押したことに対しては、人生の反省材料は増えた。とはいえ、時には押さねばならぬこともある。後でわかったことだが、原因は犬猿の仲の前理事長が前回の叙勲で勲四等瑞宝章だったからなのだ。

受章記念祝賀会のため上京された時の挨拶回りでは、大金星が胸に躍り、大変誇らしげであった。勲章の効用は大きく、毛工連内での勲三等は空前絶後であった。その後は、通産省との話し合いで元通りの姿に戻り、現在に至っている。

日教組に「四ト」追放迫る

一九七〇年代の中頃、自民党が党内抗争に明け暮れていた頃、社会党は、ひょっとすると政権を取れると思っていたようだ。政策もほんの少しだけ自民に歩み寄っていたように思えた。

私が文部大臣だった時、日教組とのテレビ討論で槇枝委員長が「三ト追放」を唱えたことがあった。アルバイト、リベート、業者テストの三トを廃止したいという。私はもう一つ肝心なものが抜けている、ストを加えて「四ト追放」とするべきだと強く迫った。

後日このテレビ討論での話を、文教委員会の質問時間に社会党の中村重光議員が取り上げて、文部大臣は言い過ぎだと追及された。しかし私は引かずに持論を繰り返し述べていくと、「もういい」と手を上げて矛先を変えた。私は勝ったと思った。自民党議員席からは、いつものように西岡武夫君と藤波孝生君がオーケーのサインを送ってくれた。この時が、私が文教族の仲間入りをした瞬間だった。長谷川峻氏や、珍しく奥野誠亮氏も私の肩を叩いて褒めてくれた。

息子の転校と娘の海外留学

息子の正樹は、私の母校である東海中学に通っていたが、ある時、どう見ても浮かぬ顔をしているのに気づいた。問い質すと原因は、担任の教師との軋轢だった。近くに予定されていた名古屋市長選挙で、改革市長と言われていた現職（本山政雄氏）を支持する派はピンクのバッヂを胸につけていた。自民党側はブルーのバッチであった。息子がつけていたブルーバッチを目ざとく見つけた担任と、外せ、外さないといざこざが始まった。「誰に貰った？お父さんだな、それは間違った考えだから、取りなさい。革新市政に反対するのは間違っている。お父さんと討論をして皆に自民党の間違いを分からせる」。

私は息子の立場を考えた。当時すでに日教組本部の槇枝委員長等と討論をしていたので、彼らの意見はよく分かっているからと、教師の申し入れを断った。「討論が駄目なら、話し合いではどうか」と相手もしつこく求めてきたが、文部大臣とこう話したなどと組合側に都合よく利用されては迷惑だという判断に至った。

結局、三木武夫先生の口利きで、全人教育で知られた玉川学園の小原国芳先生に預けることになった。東海は中学、高校の一環教育だが、環境を変えることに、家内も賛成してくれた。息子は玉川学園に高等部から編入し、全人教育の一環として寄宿舎で暮らすことになった。正解だった。顔つきも変わり、音楽にも興味を持つようになった。たまに帰宅すると、ブロードウェイミュージカルにある「神の御名をあがめよ」を大声で歌っていたりした。新しく出来た友人の話もよく聞かせてくれた。家族の会話が増え、楽しい時が持てるようになった。小原先生は息子を見ていて、これは父親の後継者になるべき人物と考えて大事に育てて下さったと思う。

息子が高校二年生になった頃には、玉川学園からの派遣として外国で勉強をしてきたらとの話があり、家内も願ってもない事と賛成したのだが、本人にはその気が無かった。すると、このやり取りを聞いていた娘の睦が「お兄ちゃんが嫌なら、私を外国に留学させて下さい」と言い出した。私も驚くほかなかった。

娘は当時青山学院高等部に在籍していたが、学校と話し合い、一年間の休学扱いにする事に決めてきたという。「求めよ、さらば与えられん」の言葉のように、スイスのボーディングスクールで一年の寄宿舎生活を送るべく、プレアルピーナという学校まで調べてきたのだ。家内は「せっかくのチャンスだから、あなた、行かせてあげて」と賛成。ちょうどスイスの国際会議へ招待されていた私は、スケジュールの合間に現地の環境を見学することにした。

その後、希望するスイスの学校への入学が許可され、私は家族ぐるみの付き合いだったノットさん夫妻に相談し、現地での娘のケアを頼んだ。私にとって七回目の総選挙直前のことで、空港まで送ってやることもできなかったが、「心配しないで。お父さんは選挙が大事だから」

と、ひとりで元気よく行ってしまった。

共に汗を流した自民党の職員たち

今年の夏は例年にない猛暑、酷暑の日が続いた。そんな異常気象は健康にかなりの負担を強いる。九月に入るとなるべく夏の疲れを癒すべく、静養の時間を取るようにした。世情に疎くならないよう努めてテレビを見たが、連日報じられるのは、特定の地方、地域に集中する大雨「ゲリラ豪雨」と洪水である。栃木県の温泉地を流れる鬼怒川の土手が決壊し、広範な地域に想像を絶する災害をもたらした。多くの家屋が流失し、刈入れ間近の稲や農作物も冠水し、更に多くの尊い人命をも奪う大惨事となった。

ふと思い出したのは、自民党の職員で私の事務所にもよく出入りしていた村川一郎君のこと。党の政調会に所属し、特に青年海外協力隊を創る際には事務方で一生懸命手伝ってくれた。

彼には、確か平成元年一月、パパブッシュの大統領就任式に私の名代として松本彧彦《あやひこ》君と二人でワシントンに行ってもらった。その後、自民党を辞めて北陸大学の教授を勤めるようになり、よく執筆活動をしていた。平成十年夏、栃木県那須岳の麓の自分の別荘で原稿を書いている時、集中豪雨に見舞われ、付近を流れる余笹川の鉄砲水で別荘ごと流されて、帰らぬ人となってしまった。そんな事を思い出し、なんともやりきれない気持ちになった。

松本彧彦君といえば私が党の青年局長の頃、青年局のスタッフの一員として一緒に青年部、学生部の活動に携わった人物である。その後、私の大先輩である石田博英先生の大臣秘書官を経て、もうかれこれ三十四、五年私の政治活動を手伝ってくれている。

私は昭和生まれ初の代議士ということで自民党幹部の期待も大きく、初当選の頃から張り切って党務にも励んだ。その頃、私を支えてくれた職員たちの顔も浮かぶ。小安英峯、星野尚昭（故人）、丸山勝彦、清水孝虵、森英治君ら、当時の若き獅子たちだ。懐かしい。また、総理総裁在任の時、随分と力を貸してくれた元宿仁君も忘れ難い。彼はその後党本部の事務局長を務め、定年後も更に一代限りという事務総長の職に就いたと聞いている。異能な人材である。

突然の訃報

東京の秋も深まり、本章執筆が完成に近づいた十月八日、思わぬ訃報が入った。相田雪雄《あいだゆきお》氏。野村証券の会長まで勤め、斯界で名を成したひとだった。

早稲田での先輩にあたるが、特に忘れられないのが「納豆飯《なっとうめし》の会」のこと。相田さんは会の主催者で、雄弁会の同期・岸本昌広《まさひろ》君や日経新聞の池田記者が介添え役で毎回来ていた。一通り料理が出ると岸本君と池田君が、納豆豆《まめ》を卵に入れて忙しくかき混ぜる。これがとても佳味《かみ》であって、若い議員にとっては楽しみの一つだった。

相田さんは、食べるばかりでなく健康にも人一倍気を使っていた。たまたま私も会員だったホテルオークラのヘルスクラブでよく顔を合わせたが、健康そうな裸身を拝見して感心したものだった。トレーニングの合間には、さりげなく株式市場について相田節を聞かせてくれたが、これが分かりやすく役に立った。私は方々で株式の蘊蓄を話題にして好評を得、分からないことを尋ねるのが、また納豆の会の楽しみでもあった。相田さん、長い間、ありがとうございました。

もうここで筆を措きたい。これ以上、出版作業を遅らせられない。

最後に、これまでお付き合いいただいた皆さんにお礼を申し上げたい。

私事だが、家族にも受礼の場を。我が家の勲功一位・マダム幸世、息子の正樹、娘の睦、皆にありがとう。

了

元秘書官の見た海部俊樹

2015年、東京都内でインタビューに応じた折田さん

折田 正樹

おりた・まさき／1942年7月29日、東京生まれ。都立日比谷高校、東京大学法学部を経て65年外務省入省。89年6月から宇野宗佑総理秘書官、同年8月から海部俊樹総理秘書官。条約局長、北米局長、在英国特命全権大使を歴任し、2004年、外務省退官。

愛知、岐阜、三重の東海三県から輩出した戦後唯一の総理、海部俊樹とはいかなる存在だったのか。歴代総理の中では、田中角栄や小泉純一郎ほど際立ったイメージはないかもしれない。しかし、海部氏が総理を務めた一九八九年八月～九一年十一月とは、振り返ってみれば、時代の大きな転換期であった。

日本経済が絶頂を極める一方で、多くの自民党代議士が絡んだリクルート事件や女性問題などスキャンダルが続発し、政治不信は深刻化していた。土井たか子氏の社会党は参院第一党を占めるほど勢いづき、万年与党の自民党は瀬戸際に立たされていた。さらに、中東ではクウェートに侵攻したイラクと、米国を中心とする多国籍軍が戦火を交えた湾岸戦争が勃発。日本は有事の国際貢献という未経験の問題に直面した。激動期に総理に祭り上げられた海部氏は、派閥の長でない立場の弱さから、当初は「短命」と囁《ささや》かれながら、ほぼ一貫して高い支持率を維持した。

時代の荒波と向き合いつつ、なぜ安定した人気を保てたのか。外務省出身の首相秘書官として海部氏を支えた折田正樹氏に、その人物像や評価についてうかがった。とりわけ、一九九〇～九一年の湾岸危機・湾岸戦争における海部氏の対応に関しては、多くの貴重な証言をいただいた。

聞き手・垣見洋樹

湾岸危機第一報

――一九九〇年八月二日に、イラクが隣国クウェートに侵攻した「湾岸危機」の発生当時を振り返ってください。

直前の七月九日～十一日、米国のヒューストンで先進七カ国の首脳が集まるサミットがあって、私は海部総理に同行し、日本に帰ってきた。海部総理は約一年前に総理に就任されてから、まとまった休暇を一度もとっていなかったので、サミット後に初めて休暇をとることになったのです。

まずは七月二十八日、総理就任後初のお国入り。私もそれにくっついていき、名古屋コーチンをごちそうになったりしました。そして翌二十九日に東京に戻った。

七月三十一日から、総理は群馬県嬬恋村の万座温泉に行かれ、三日に長野県の軽井沢で東京商工会議所役員懇談会で講演し、四日に東京に帰る予定だった。

秘書官は複数いて、回り持ちで総理に同行する。私はお国入りにはついて行ったけれど、万座温泉と軽井沢は別の秘書官が同行した。八月一日は東京の官邸で待機していました。

私は二日と三日に休みをとり、年賀状の整理をするつもりだった。正月から全く休みがなくて、整理できていなかったので。そうしたら二日の昼ごろ、自宅に電話がかかってきた。「イラクがクウェートに侵攻した」という第一報です。総理も私も、ようやくありつけるはずの休暇が吹っ飛ぶことになるのです。

私の自宅に電話してきたのは、外務省中近東アフリカ局の事務官だったと思う。外務省の国連局からもあったかもしれない。もちろん官邸にも電話があったでしょう。そこには別の秘書官が待機していたけれど、外交担当は私なので、私の自宅にかかってきた。私はすぐ総理に電話した。万座温泉の宿の番号を事前に聞いてあったので、直接電話したことを覚えています。

湾岸危機の初期対応

――危機発生後の日本や他国の初期対応はどうでしたか。

イラクによるクウェートの侵攻は一九九〇年の八月二日、日本時間の昼ごろだった。クウェートと日本の時差は六時間だから、クウェート時間では未明。中山太郎外務大臣は東京不在で臨時代理が昼ごろ遺憾の意を表明し、夕刻、坂本三十次《みそじ》官房長官が「非常に遺憾なこと、事態の悪化を憂慮し、撤退を求める」と声明を出しました。ということで、官房長官室、副長官室を含め、あちこちと連絡を取り合いました。

二日の日本時間の夕方、ニューヨーク時間の未明に国連で緊急の安全保障理事会が始まった。そこで議論があって、イラク軍のクウェートからの即時無条件撤退を求める安保理決議六六〇号が出る。そのニュースが日本に伝わってきて、それも海部総理に連絡し、その日はそれで終わった。

日本時間の三日の朝も万座温泉におられた総理に連絡して、「どうなさいますか」と尋ねた。総理は

「東京に帰る」と言われた。ただ、その日は軽井沢で講演が予定されていたから、「講演だけは済ませて戻る」ということだった。総理が帰京されることを閣僚を含め関係者に連絡した。三日の夜、官房長官、副長官、外務次官などが総理に説明を行った。

湾岸危機が起こる前、イラク軍がクウェートとの国境付近に集結しているということは承知していた。しかし、イラクとクウェートは採掘する石油をめぐって争っていたから、脅しのためにやっているんだろう、ぐらいにしか思われていなかった。当時、サウジアラビアの国王やエジプトの大統領が、イラクのフセイン大統領に連絡をとったが、フセイン大統領は「クウェートに侵攻することはない」と断言していたようだ。この話は後から伝わってきた。

米国や各国の政府も、イラクの行動はクウェートへの脅しのためだと思っていて、本当に侵攻するとは思っていなかった。

当時ブッシュ米大統領はサッチャー英首相と一緒に米国のコロラド州ウッディークリークであった国際シンポジウムに出ていたが、すぐにワシントンに戻る。

これは後で分かった話ですが、米国の在イラクの女性大使が直前にフセイン大統領に面会していた。大使が「あなた、まさかおかしな行動をとりませんよね」と念を押したとき、大統領は「そんなことはしない」と応えたというのです。その言葉を信じて、大使は休暇をとった。大使は後で、「見通

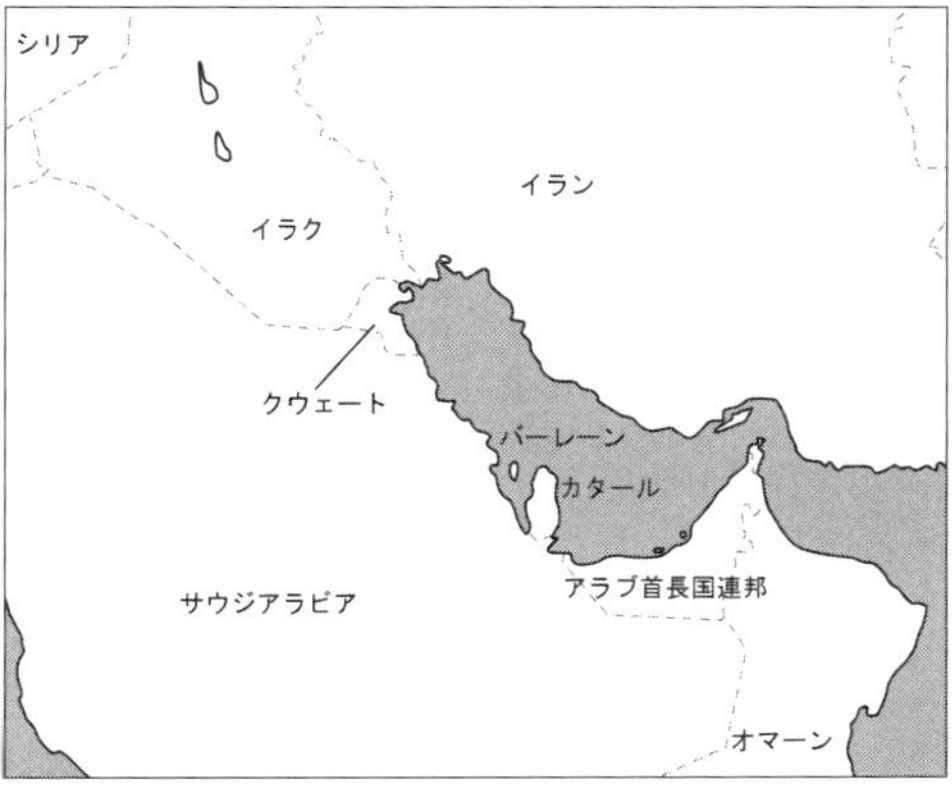

中東・イラク、クウェート周辺

しが甘い」と非難を浴びた。けれど、みんな同じような感覚だったから、不意打ちになった。

イラクがクウェートに侵攻するわずか二十日前、ヒューストンサミットで先進国の首脳が集まって世界情勢を議論したとき、中東の問題も若干は話題になったけど、議題に上がったのはパレスチナが絡む中東和平の問題であって、イラクの話は全然出なかったのです。それだけ危機感がなかったということ。だから世界全体が不意打ちを食らった。

海部総理も同じでしょう。サミットの会場でこんなことを話していましたから。二十世紀の最後の十年は、東西対立が雪解けした冷戦後の国際秩序をどのようにつくるかが問題で、これからは武力ではなく、対話と交渉によって平和的に世の中をつくっていきましょう、と。そんな話で各国が一致して、首脳たちはそれぞれの国へ帰っていった。その直後、イラクが武力で国境を侵す事態が起きてしまった。

この時点でクウェート侵攻が、後に日本をさんざん巻き込んで大問題に発展するというような予想は、政治家や市民の間でもほとんどなかったでしょう。もちろん、大変なことだとはみんな思った。けれど、日本で自衛隊の海外派遣が議論されるとか、多国籍軍による巨額の戦費の多くを日本がまかなう事態に発展すると、海部総理がその時点で思ったかというと、クエスチョンマーク。海部総理に限らず、みなそうだった。

当時の新聞を読んでもらうと分かる。イラクによるクウェート侵攻の記事はとても小さい。多くの新聞が書いたのは、石油が来なくなったら日本の経済はどうなるだろうか、という問題の指摘くらいなものですよ。マスコミもまだ危機の本質が分からなかった。

もちろん、海部総理は小さな話ではないと感じていた。だから、休暇を途中で切り上げて軽井沢から東京に戻って、官僚からの報告を聞き、素早く政策を判断し、八月三日にクウェートの金融財産の凍結という措置をとった。

四日には米国のブッシュ大統領から電話がかかってきた。「これは大変なことだ。自分たちは経済制裁の措置をとるけど、日本もお願いしたい」と。海部総理は「自分たちは金融措置をとったけども、さらに検討する」と応じた。

そのときに海部さんは、当時の通産省に対してきちんと措置をとるように命じたのですが、実は通産省が「そんなことをしたら日本がイラクに持っている債権が返してもらえなくなってしまう。日本の国益を害します」と抵抗したのです。

通産省にしてみれば、多額の税金を投入しているのだから、「まあ（債権を放棄しても）いいわ」、と軽く構えるわけにはいかない。彼らの本音は、イラクに対する措置は、せめて国連決議が通った後にしてほしい。決議が法的拘束力のある形になれば、自分たちは責任を逃れることができますからね。けれど、海部さんは「そうじゃないか。ゼニカネの話ではない」と言って通産省を抑えて、経済制裁を行う。止する、原理原則の話じゃないか。武力によって国境を侵す企てを国際社会が一致して阻止する、原理原則の話じゃないか。ゼニカネの話ではない」と言って通産省を抑えて、経済制裁を行う。その後国連安保理で経済制裁措置が採択される。国連の措置の前に日本は独自に措置をとるわけですよ。海部さんなりに、湾岸危機への対応は重要だと思っていたからでしょう。

各国の初期対応

――米国などの初期対応を覚えていますか。

まず、米国はサウジアラビアの要請に応えて軍隊を出すという話だった。というのは、サウジとイラクも石油をめぐって不安定な関係だったのです。このとき、サウジの軍隊はイラクとの国境付近はかなり手薄で、数千人しかいないという話だった。

石油の採掘現場はその辺りにある。イラクがサウジ側に少し入れば採れてしまう。本格的に侵入されたときは防ぎようがない状態だった。サウジはそれをとても恐れた。防ぐためになんとかしなければいけない。それで、米国に軍隊の派遣を求め、まず米国が第七艦隊を出し、本国からも軍隊を派遣する。すぐに英国やフランスが呼応する。

当初、アラブの国々には、イラクのクウェート侵攻の問題を自分たちの間で片付けたいという思いもあった。八月二日の国連安保理で決まった決議六六〇号をよく読むと、アラブ諸国が協力してうんぬん、と書いてある。そういう気持ちも込めて決議文が書かれているのです。それで、アラブ諸国をはじめ全世界が一致して強い姿勢を見せて、米軍がちょっと移動すれば、イラクは引っ込むぐらいの予想があったのかもしれない。

けれど、イラクの様子を見ていると、どうも本気だと。さすがのアラブ諸国もこれはだめだとなって、米国にきちんと多国籍軍を主導して貰わないといけないということになった。

一方で、ソ連はそれまでイラクを応援していた。ゴルバチョフ大統領はイラクのフセイン大統領に近かった。しかし「湾岸危機は大変なことで、国際社会全体として対応する必要がある」と、ゴルバチョフ大統領自身が認めて、一九九〇年九月に米ソ首脳会談をやった。さらに、イラクがクウェート在住の日本人や米国人、英国人などを拘束して盾にとる人質事件も起きた。これは容易ならざることだという状況になってきた。

発生当初の多くの日本人の感覚は「遠くで起きたことでしょう。クウェート？　聞いたことはあるけど、随分遠いところだなあ。あんなところでどうなったってあんまり関係ないじゃないの。石油が足りなくなったら隣のサウジから買えばいいじゃないか」というようなものだった。現状と認識に相当なギャップがあったと思う。

ブッシュ大統領の要望、海部首相の抵抗

――当時のブッシュ米大統領と海部総理のやりとりを覚えていますか。

湾岸危機発生から十二日後の一九九〇年八月十四日、ブッシュ大統領から海部総理に電話があって、「英国、フランス、オランダ、オーストラリアが海軍を派遣している。ソ連も参加するかもしれない。日本からのできるだけの支援をお願いしたい。多国籍軍に直接の貢献を検討してほしい。例えば機雷の掃海や装備のサウジへの輸送支援などが考えられないか」と求めてきました。

ブッシュ大統領がここまで個別具体的に要請してくるとは、事前に予想していなかった。けれど、こういう要望が米国の念頭にあるということは、在米日本大使館や、在日米国大使館とのやりとりの中で、当時から話題にはなっていました。

ブッシュ大統領は多国籍軍に対する資金協力のほか、「トルコやエジプト、ヨルダンのように、イラク・クウェート周辺で影響を受けている国があるから、そこへも支援してほしい」とも言った。

海部総理はどう言ったかというと、「軍事的な協力については憲法上の制約、それから国会での議論の経緯もあって、国是に近い立場があるので、ほとんど考えられない。政府としてただちに多国籍軍に参加できる状態ではない」という風にはっきり答えた。

ブッシュ大統領は「憲法上の制約はあるかもしれないが、憲法に抵触しない範囲で、兵站《へいたん》上の協力について考えてくれれば役に立つことになるでしょう」と発言した。

日本が軍事分野で貢献することは難しいという事情、特に多国籍軍に直接参加することはできないという意思は明確に米国に伝わったと思います。これは海部総理がその場で考えたこと。閣僚や官僚との話し合いで回答を決めたのではなく、海部総理の意思でした。

米国はペルシャ湾での機雷の掃海については、それ以降、日本に求めてこなくなった。よく言ってくるようになったのは、輸送面での協力でした。

一カ月半ほど後、九月二十九日にニューヨークの国連本部で子どものためのサミットがあり、そこで海部総理はブッシュ大統領とまた会って、そのときも憲法の制約について総理が再度説明していました。そして「日本国内では、国連平和協力法を検討している。それは非戦闘、非軍事の協力で、何ができるかを議論している最中です」と説明しました。

ブッシュ大統領は、「憲法上の制約があることは十分理解している。けれど、早く実施してもらえば、受け入れ国を激励することになるでしょう」という言い方でした。「とにかく迅速な実施を期待している」と。

――日米首脳会談で海部総理が、「日本国憲法はアジアや世界の平和に貢献してきた。そして、この憲法を日本とともにつくったのは米国なのです」ということをブッシュ大統領に直接言ったそうですが、記憶にありますか。

海部さんは、憲法のことについて随分説明していました。けれど、ブッシュ大統領は、「憲法の制約は分かるけれど、日本が制約内でできることを検討しているというなら、それを実施してください」という風に言いました。

米国の主張、日本の苦悩

——当時の米国には、「日本は中東から石油を購入して経済的繁栄を謳歌しながら、有事の際には血や汗を流そうとしない」という厳しい見方があったようですね。

その通りです。米国の外交担当者は日本の外交担当者に、日本の石油タンカーがペルシャ湾に二十隻もいることを示す衛星写真を見せて、「日本は湾岸危機で輸送協力に二の足を踏んでいるが、この写真を見てどう思うのですか」と厳しく迫ってきました。

戦後、日本の経済はどんどん大きくなって、世界ナンバー2になっていた。米国はナンバー1といいながら、貿易赤字と財政赤字という二つの巨額赤字を抱え、しかも貿易赤字の原因の大半は日本の自動車など輸入品。日本は世界最大の債権国だった。しかも日本の企業が米国の土地を買い漁っている。ソ連の軍事力より、日本の経済力の方が米国にとって脅威であるという議論も出ていたくらい。日米関係は経済によってぎすぎすしていた。

ちょうど湾岸戦争の一年ほど前から、一年かけて日米構造協議をやった。米国から「日本はなんだかんだといいながら規制を作って自分のところの市場を開放していない。結局ズルしている、フェアでない」と言われていた。

湾岸危機に際して、米国はこんな風に主張しました。日本は石油の大半を輸入でまかなっている。

しかも中東からの輸入が70パーセントだ。石油を大量に輸入するのは、国際情勢が安定していてはじめて可能なこと。そういう仕組みの中で日本は経済を運営している。今回の湾岸危機は、石油の安定供給がどのように成り立っているかという話に行き着く。そう考えれば、米国は日本経済のために戦わされているようなものじゃないか。厳しい戦乱の地に米国の若者が出て行く。日本は戦場に行かなくていいから、せめて物資を送るぐらいやってくれよ、と頼んだら、いい返事が出てこない。なぜかというと、憲法上、戦地に自衛隊は出せないからだと。じゃあ民間人に頼んでみると、民間はそんな怖いところに行けないと言う。民間は行けないと言いながら、ほら見てご覧なさい。タンカーは民間でしょうと。二十隻全部日本のですよと。自分の都合のいいところは民間が活動できて、われわれが厳しい状況でいるとき、「助けてくれ」と言っているのに「何もできない」と言うのは、いかがなことかと。

米国に、そういう気持ちの人たちがたくさんいるということを、ほとんどの日本人は分かっていなかった。

海部総理自身は、そこのところは非常に気にしていた。湾岸戦争のずっと前、総理になるぐらいのときからこう言っていたのです。「志のある日本にしたい」と。どういう日本かというと、経済だけを追求していてはだめ。せっかく経済で世界第二位になったのだから、もっと国際的な責任を果たす日本でなきゃいけない。そうでないと、「世界の孤児」になる、と。

一九八九年八月に総理になった後の最初の施政方針演説でこう言いました。志のある日本外交を推進する。汗を流す外交をやらなければいけない。そうでないと、他国から「無責任な一国繁栄主義」「一国平和主義」と非難される。日本は今や立派な国になったけれど、批判されているのもまた事実であると。

海部総理は湾岸危機のとき、なんとかしなければいけないと思った。憲法の制約がある中で、カネを出すだけでなく、なんとか人的支援もしなければいけないと。そこで苦悩した。憲法の制約上、戦地に自衛隊をぽんと出すわけにはいかない。けれども、物資協力なり、運輸協力なり、医療協力はできないか。そこで検討されたのが国連平和協力法だった。結局廃案になってしまいましたけどね。

戦地周辺で医療協力をやろうとした。海部総理の頭には、自ら創設にかかわった青年海外協力隊があった。創設からの長い歴史があり、隊員たちは一生懸命やってくれている。危険な地域にだって行っている。海部総理は国会でも、そうやって一生懸命説明した。だから医療協力だってできるでしょうと。

医師や看護師を募ったら日本全体で百人ぐらいは手を挙げるだろうと思った。しかし、ふたを開けたら延べ二十数名しか集まらなかった。しかも、日本の医療チームが湾岸地域に出向いても役に立たなかった。というのは、砂漠みたいなところで病院をつくるところから始めなければいけないから。さあ手術をやりますから患者を連れてきてくださいと言っても、看護婦さんはどこにいるの？ どこにもいない。さあ手術が終わりました。患者さんは帰ってくださいと言ったって、家がない。収容するテントまでつくらなければいけない。いくら志があるボランティアだって、医療の技術があったって、日本と違う特殊な環境に適した技術や資材がなければ何もできない。限界を感じたわけです。

また、多国籍軍のトラックなどを輸送するとして、いくら意気軒昂な若者を派遣するといったって、例えば二、三人が出向いても一台か二台を運べる程度。湾岸地域では何千台が必要だった。有志のボランティアでは、役に立つ次元にはならなかった。

有事の際、日本と全く環境の異なるところへ出向いて、たくましく部隊を設営し、医療や輸送に貢献するという経験も仕組みもなかった。

そういう仕組みが前もってつくってあれば、うまくいったかもしれません。消防みたいに、いつでも出動できるようにして。そのための船もあって、飛行機もあって、車もあって、訓練もしている。そうであれば役に立ったかもしれない。

ゼロからどうやって始めましょうかと言ったところで、意識も、技術も、装備もついてこない。日本としては非常につらいところだった。だから最終的に、自衛隊を出すしかないだろう、ということになった。自衛隊はどんなところでも自ら部隊を設営し、食事や入浴といった生活に必要なことも、人の手を借りずに行う「自己完結力」がありますからね。

海部総理は当初、自衛隊を派遣することには極めて慎重だったけれど、よく検討する中で、自衛隊しかないなと考えるようになりました。その代わり、戦闘組織の自衛隊員でなく、あくまでも文民の平和協力隊員として派遣したかった。制服、帽子を変えて湾岸地域に行く。つまり、自衛隊をいったん除隊して、総理府事務官として派遣することを検討した。

しかし、湾岸危機のために自衛隊の身分を失わせるのはかわいそうという話になったし、防衛庁の反発もあった。元々、自衛隊には組織固有の指揮命令系統があって、隊をやめて別組織に入ったとき、誰が、誰に対して指揮命令を行うかという点で混乱が予想された。また、艦船の操縦は自衛隊を辞めて民間人になった人にはさせられず、そうした資格の問題も出てくる。だから、単に自衛隊をやめていかせればいいというものでもない、ということが徐々に分かってきた。そういう点からも、準備不足や経験不足が一気に露呈してしまった。

先ほども述べましたが、もともと日本にはそうした準備が足りないという意識はあったのです。日本は今や、経済的に大きく成長したのだから、国際社会で政治的な役割を積極的に果たさなければいけないという意識があった。だから、長い間内戦が続いていたカンボジアなどに、国連平和維持活動(PKO)で自衛隊を派遣することも考えなければいけない。海部内閣の前の前、竹下内閣のころからそうだったのです。

自衛隊の海外派遣を巡る議論

――当時、自衛隊の海外派遣については、国内世論の大きな抵抗がありました。

自衛隊はまだタブー視されていましたからね。参議院で第一党の社会党は、派遣を認める以前に、自衛隊そのものが、戦力の不保持を定めた憲法九条に違反するという「自衛隊違憲論」でしたから。自民党の中でも、特に戦中派の間で「蟻の一穴《いっけつ》論」という主張があった。元内閣官房長官の後藤田正晴さんは何度も海部さんのところへ来て、しつこく言いました。「堤防は蟻の一穴から崩れるんだ」と。「これがちっちゃい穴だと思ったら大間違いだぞ。いったん小さな穴ができたら、大きな堤防がウァーッと崩れちゃうんだ」と。

つまり、一度自衛隊を海外に派遣したら、際限なく派遣することになり、勇ましく海外へ軍隊を派遣した戦前のような状態になりかねないと戒めているのです。

自民党の中には、その真逆で、自衛隊が国連軍に参加しても憲法違反にならない、という自衛隊派遣容認派がいました。

確かに、本当に「国連軍」というものができるならば、普通の軍隊とは違うわけですから、そこに自衛隊を参加させるのは憲法に反しないという議論は理論的には可能です。

国連憲章の中に、国連軍が想定されている。それは安保理とそれぞれの国が特別協定を結んで、それぞれの国が安保理に部隊を提供するわけです。それぞれの国から切り離された軍隊が安保理の指導の下に対応する。だから日本軍ではない。日本国としての行動ではなく、日本の防衛とは関係ない。だから憲法上も可能だという解釈の余地があるかもしれない。

しかし、理論上は成り立ちうるのだけど、実際に当時の国連では「国連軍をつくりましょう」という議論がまったくなかったのだから、完全に机上の空論。まさに「頭の体操」なのです。

湾岸戦争で実際に活動した多国籍軍というのは、安保理決議に従って、それぞれの国が事態を改善するために武力を行使していい、という活動だから、それぞれの国が自らの判断で活動しました。国連主導の国連軍とは別物です。だから自民党の一部の自衛隊派遣容認派が言っていた「自衛隊が多国籍軍に参加したとしても、多国籍軍は国連憲章に基づくものだから、いいじゃないか。憲法に合致しているじゃないか」という議論は、完全に筋違いだった。

実際に検討しているのは、多国籍軍が必要としている物資を運ぶのに自衛隊が使えるかどうかという話ですからね。戦闘のために出て行くという話はこれっぽっちもないわけ。けれど、国民にはなかなか分からない。新聞を見ると、「自民党の一部議員が、自衛隊の多国籍軍への参加も憲法違反ではないと主張」などと書いてあるでしょう。そうすると、やばい話だ、怖い話だってことになって、社会党などから猛反発を浴びる。

当時の国会の議論を見てみてください。すごいですよ。「自分の夫、息子を戦地に送っていいのか」「大東亜戦争の再現ではないか」「総理、そんなことになってもいいんですか」。まったく現実から離れた議論だった。

本当に議論すべきは、イラクがクウェートに侵攻したことが、国際秩序にとってどんな意味があって、なぜ世界中が反対しているのか。日本として憲法や法律の枠組みの中でどんな対応をとるべきなのか、でしょう。

そういう議論が全然ない。日本が一人で世界に乗り込んでいって戦うような話になっているわけ。だから新聞でそれを読んだ人は、「なんだ」「けしからん」ってことになるわけだ。それで内閣の支持率が下がる。社会党は国連平和協力法案に反対する。

社会党の主張はこんな風でした。「日本は戦後守ってきた憲法を破るのか」「夫や息子を戦地に送るのか」「世界中に迷惑をかけた第二次大戦を再現するのか」「米国の言いなりでいいのか」。これは、今も続く日本特有の議論で、私は聞いちゃおれない。世界の人が聞いたらどう思うだろうか。

例えば、米国は世界の代表選手として湾岸危機に対応してくれてはいるけれども、国連安保理は全会一致ですよ。これだけ多くの国々が湾岸危機には毅然と対応すべきだと言っているし、例えばバングラデシュみたいなところまで軍隊を出している。日本の国内だけ、「なぜ米国の言い分を丸呑みしなければいけないのか」みたいな議論をしているのは、本当に情けないと思った。

——国民の中で、今起きている事態がうまく認識されていなかったということでしょうか。

そうだと思います。議論が現実を離れてゆがんじゃった。日本が戦後、ずっと平和でやってきたのは確かだ。そして経済発展も遂げてきた。普通の人たちは、自分たちが一生懸命頑張ったからだと思っている。確かに日本人は一生懸命働いてきた。その一方で、多くの日本人にとって国際社会は他人事だった。湾岸危機のときも、できればクウェートを応援してあげたいけど、危険なこと、汚いことには手をつけたくない、よそのことにあまり手を煩わせたくない、という感覚です。でも、本当は他人事じゃないのです。世界の政治、経済、社会は全てつながっていて、その中で日本も活動しているわけですから、湾岸危機への対応は、まさに自分の話なのです。

私は、国際貢献という言葉がよくないと思っている。海部さんも多分そう思っているでしょう。貢献というと寄付をするみたいですからね。お金があればしてもいいけど、余裕があればするけど、ちょっと今は勘弁してよって。そういうムードなんですよ。国際「貢献」じゃなくて、国際社会で適切な日本の役割を果たす。役割を果たさないと一人前でないと見なされるのが、国際社会の現実なのです。

その感じが少し和らいだと思うのは、湾岸戦争の停戦後、日本がペルシャ湾に機雷掃海艇を派遣したとき。掃海艇派遣のときは内閣の支持が高かったんですよね。日本国民も、日本が何もしていないことで各国からぼろくそに言われたと思って、やはり何かをすべきだと思ったのではないか。

海部総理は指導力不足だったのか

――掃海艇の派遣は総理自身の判断だったのでしょうか。一部で、自民党の有力議員が強力に推し進めたなどとも言われています。

このころの自民党の有力議員たちは、いい結果が出たときときは、「俺がやった」って言いたがっていました。みな自分の手柄にしたいのです。うまくいくと、「いやあ、俺が海部に言っておいたかられね」。うまくいかないと、「海部がふらふらして、指導力がないからだ」と言うのがお決まりでした。

海部さんは本当にかわいそうだった。小さな河本派の領袖でもない立場でしたから。党内に大きな派閥がいくつもあった。竹下派や安倍派、渡辺派。彼らの言いたいことは、「たまたまリクルート事件があって、関与した議員たちが謹慎しているから、俺たちの派閥のボスが総理になっていないだけのことで、本来なら安倍晋太郎なんだ」、「渡辺美智雄なんだ」ということ。「なんで俺じゃなくて海部が総理なんだ」、「なんで俺の親分じゃなくて海部なんだ」と。本当に見苦しかった。

そういう議員がいっぱいいて、「海部はふらふらしている」とか、「軽い男なんだ」という風にしたい。「神輿は軽い方がいい」というようなことを噂する。

海部さんはよく言っていた。宮沢喜一さんから「海部さんはよくおやりになっていますが、しょせん高校野球のピッチャーですからね」と、言われたと。あれは相当頭にきたのだろう。

――総理に対して、他の政治家や官僚の間で、もっとこういう風にしてほしいという声はあったのでしょうか。

例えば、湾岸危機のときの憲法解釈だって、自民党の有力議員たちは好き勝手に言っていた。でも、憲法解釈というのは大変なことなのです。今の安倍晋三総理も憲法解釈を変えて、これだけ大騒ぎになっている。当時はもっと大変。総理が憲法解釈を変えなさい、と指示したら変わるわけではなくて、過去の答弁との整合性などいろいろなこと考える。専門家集団に検討させなければならない。だから総理が決断すればできるというものでもないのです。総理の決断によって検討を始めることぐらいはできる。それほど、憲法解釈というのは難しい問題。

「自衛隊を出せ」という話でも、口で言うのは簡単です。いざ派遣したとき、どんな活動ができて、なにができないのか、そうした法律、制度がない。憲法との整合性の問題もある。どういう活動をすべきなのかを、何の考えもないまま思いつきで言う国会議員がたくさんいた。

何の制度も法律もないから、海部総理をはじめ、それぞれの立場の人たちが苦しんだのです。分からない人が思いつきで「こうやったらどうか」と言ったり、「いやあ、総理が何も言ってくださいませんので」と批判したりする。

私は官邸にいたから分かりますが、日本が重要な決断をするときは、関係者やそれぞれの官庁から「こういう可能性があります」「この可能性はありません」という報告が出てきて、それを十分聞いた上で最終的に総理が判断する。でも湾岸危機は、未経験の事態だったために、各省庁から報告すら出てこない。そういう状況を全部総理のせいにしてしまうところがあったのではないでしょうか。

私は、海部さんはよくやったと思います。湾岸危機、湾岸戦争の対応で内閣支持率はあまり下がらなかった。いろいろな意見が飛び交う中で、海部さんは、勇ましく自衛隊を戦地へ派遣するでもなく、なにもしないわけでもなかった。あまり極端な政策には走らないと、国民が安心感を持ったからだと思います。

国民も次第に、「日本としても何か国際貢献活動をやらなければいけない」と感じたのでしょう。だから掃海艇の派遣も実現した。多くの国民と海部さんの感覚は近かったのだと思う。

――米国議会で日本の姿勢に対してバッシングがあり、国内でも「海部は何をやっているんだ」という声があった。国際社会の要求と日本の憲法の制約の板挟みもあり、厳しい状況だったと思うが、海部さんは弱音を吐いたり、苦しみを態度に表すことはありましたか。

弱音は全然吐かない人でしたね。志あれば道は開けるっていうか。悩むときは悩んでいたでしょう。けど前向きだった。若かったせいかもしれない。少なくともわれわれの前では、「だれそれにこんなことを言われて参った」というような顔はしなかった。家族が優しかったからでしょう。きっと。家族に支えられたんじゃないかな。

海部さん自身、きっと我慢強いのでしょう。若くして総理大臣になれば大変ですよ。自民党の議員は「海部君」なんて呼ぶんだもの。「おう、海部君、よくやってんなあ」、なんて言われてね。

掃海艇派遣

――あらためて、掃海艇《そうかいてい》派遣のいきさつを教えてください。

一九九一年四月十二日は重要な日です。イラクが国連安保理決議の停戦条件を受け入れ、停戦が法的に成立した。紛争状態が法的に終わった。紛争状態でない地域の機雷を除去しても、武力行使には当たらない。だから、日本の自衛隊が機雷を除去しても憲法に抵触しない。それは重大なこと。ただやたらに機雷を取り除けばいいというものではない。その四月十二日に海部さんは掃海艇の派遣を検討するように命じました。内々ではそういうことも考えていたけれど、総理が指示したのはその日です。

――海部さん自身、「日本は血も汗も流さないのか」という批判に応えなければいけないと考えたのでしょうか。

日本もどうにか国際社会で責任を果たしたかった。それで、いろいろ試みたけど、人的協力の部分ではうまくいかなかった。何かできないだろうかと考えたときに、現行法を変えずに、できることとして掃海艇があったわけだ。

掃海艇は、専門家からはかなり評価されたのですよ。日本の掃海技術は世界に冠たるものでしたから。私は後に大使として英国に赴任して、英国人からも聞きました。掃海艇に限らず、日本が湾岸戦争で出費した百三十億ドルのうち、多国籍軍に支払った百十億ドルもかなり評価されているのです。

拠出の決定が遅くなって、米国の議会から「Too little, too late（少なすぎる、遅すぎる）」という批判も出たけれど、私は他国の外交関係者から「日本の資金協力があったから会計的に湾岸戦争を乗り切れた」と言われたことがあります。

日本は、この資金を捻出するためにガソリン税と法人税を上げることまでやった。私は英国で、安全保障関係の講演もしましたが、みんな「あれはすごかった」と言ってくれている。だから本当に知っている人は評価してくれた。

実は、米国人で評価してくれた人もいたのです。でも、日本のメディアはそういう声を伝えない。米国側のちょっとした非難でも、日本のメディアはやたら大きくとりあげる。日本を賞賛する声が十あって、非難の声が五あったとしたら、五が五十ぐらい出る。それが当時のメディアに対する私の感覚。

今でも，米国の下級官僚が言ったことが日本の新聞に大きく出たりする。いわゆる「知日派」の人がちょっと言ったことが、オバマ政権本体の意見とは全然関係なくても、大きく出る。やりすぎだと思う。

湾岸戦争の後、クウェートが米国の新聞に掲載した各国への感謝の広告に日本が入っていなかった。それが、「日本は多国籍軍に多額の資金援助をしながら、人的貢献をしなかったために国際的に評価されなかった」という言説の根拠になっている。

私は、あの広告をクウェートが意図的に日本を除いて出したとはとても思えない。どこかで行き違いがあって広告が掲載されてしまったと思うけれど、あのときの国内の過剰反応ぶりはすごかったね。いまだに言われている。それが逆にいうと、国際貢献に関する日本人の意識を呼び起こした側面もある。けれど、あんまり過剰反応するのはよくないね。

海部総理の発信力

――海部総理は、米国のブッシュ大統領や英国のサッチャー首相とよくコミュニケーションをとっていた。両国との関係の良さは、日本が湾岸戦争を乗り切る上で役に立ったのでしょうか。

それは役に立っていたでしょう。お互いに何を考えているか分からない、という間柄だったら、もっと日米関係はこじれていたかもしれない。ブッシュ大統領も「海部さんは非常に正直な人だ」と言っていた。彼とのつきあいはその後も続いているみたいです。

海部さんは、首脳同士の会談で、相手の言い分を聞くだけじゃなく、かなり率直に物を言っていた。ブッシュ大統領やサッチャー首相に対しても。だから「あんなにいろいろ言う日本の総理は初めてだ」なんて言われていた。海部さんは日本の立場を米英など他国によく発信したと思います。

例えばこんな事を言っていた。「湾岸危機だって、もとをただせば、イラン・イラク戦争のとき、反米のイランと戦っているイラクを応援するため、米国などが武器を提供したことが回り回って原因になったのでしょう」と。海部さんは、米国にとって耳の痛いこともかなり強く言った。

野放図な武器輸出に反対する海部さんは、国連でも訴えた。海部さんは、国連加盟国が通常兵器を輸出入した場合、数量や相手国を国連に報告する制度を、一九九一年五月の国連軍縮京都会議で提案しました。サミットでも主張して、中国に訪問したとき、中国にも言った。そして、海部さんが総理を辞めた後に国連で採択された。結局、海部さんの「平和を実現していこう」という主張が認められた。そうやって日本の理念を発信したわけです。

サッチャーさんは自伝に、「海部総理は率直にものを言う人だ」と書いた。ソ連最後の大統領、ゴルバチョフ大統領とも、お互い退任した後でもいろいろな会合で会っているみたいです。日ソ首脳会談でゴルバチョフ大統領との指切りげんまんは印象深い。北方領土問題は、あと一歩で解決の糸口をつかめるところだった。

海部さんは議論するとき、必ず相手の目を見る。自分の考えをよく話す。そこがこれまでの日本の首相とは違うところ。外国人からすると信頼できる人だったのでしょう。

ブッシュフォン

――話題になったブッシュ米大統領から海部さんへの電話「ブッシュフォン」というのは、どこにかかってくるのですか。

通常は、総理が執務をしている官邸です。場合によっては総理が寝泊まりしていた公邸でした。時間帯などによります。米国側から「何日の何時にかけたいけど、どこにいますか」という連絡があって、日本の外務省の担当者が「その時間ならば官邸です」と答える。予告なく来ることは基本的にない。

一九九〇年二月の総選挙で海部自民党が大勝した直後には、海部さんがよく休暇を過ごしていた東京のホテルオークラにかかってきた。「おめでとうトシキ。近いうちに米国で会いましょう」と。海部総理は「ぜひ行きましょう」。それで後日、実際に渡米された。

そういうとき以外は、だいたい事前連絡がある。通訳を待機させておく必要がありますから。通訳は普通、米国側と日本側の両方で用意する。翻訳が正しかったか、後で検証しなければいけないので。

私は基本的には立ち会っていました。外務省の担当課長や局長も立ち会いました。私は英語を理解していたので、やりとりについてはすべて把握していました。

私にとって、印象深かった「ブッシュフォン」はお正月元旦の電話です。

一九九〇年十二月三十一日の夜、仕事場の官邸から自宅へ帰って、紅白歌合戦の最後のところを見て、近所の恵比寿神社（東京都渋谷区）にお参りして、午前一時ごろ帰ってきたら自宅の電話が鳴った。外務省の担当者が「ホワイトハウスから電話がかかっている」と。大統領が「元日の朝九時にトシキに電話したい」と言っているということだった。慌てて海部さんに電話をして、それから通訳に公邸に来るよう連絡した。翌朝、私は八時に息子に運転させて、官邸に行って準備した。

「ハッピーニューイヤー、トシキ」とブッシュ大統領が言いました。でも、ただのあいさつではなかったのです。その年の一月十七日に湾岸戦争が始まることになるのですが、新年のあいさつから、ブッシュ大統領の決意が伝わってきたわけだ。「おめでとう」という言葉とともに、「事態は切迫しているよ」というサインなのです。そうは言わないけれど。海部さんもそれはひしひしと感じている。元旦の出来事。印象的でしたね。日本全体がゆっくりしている正月に、米大統領自ら「電話をしたい」と言ってくる時点で、何かあるなとは思った。

アジアへの気遣い

——海部さんのアジア各国に対する外交姿勢はどうでしたか。

海部総理は海上自衛隊の掃海艇を派遣するとき、太平洋戦争中に日本が進軍した東南アジアの国々が不安を抱くのではないかと心配した。それで、掃海艇派遣を決めた後、すぐ東南アジアを訪問して、各国の首脳に、「まったくの平和目的である」ということを丁寧に説明した。シンガポールでも政策演説をやり、そこでも誤解がないようきちんと説明した。日本は過去の反省を踏まえ、軍事大国にはならないんだと。戦後一貫して平和な国としてやってきて、今後も続けるんだということを強調しています。そういう発信を絶えずやっていた。

——それで東南アジアの国に、掃海艇に対する給油の協力もしてもらえましたね。

フィリピンは給油に協力してくれました。東南アジア歴訪のとき、マレーシアでは、掃海艇が通るマラッカ海峡をわざわざ見に行きました。掃海艇が通過する瞬間ではなかったけど、ここを通るという場所まで。なにせ日本が自衛隊を海外に派遣する初めての経験ですから、国内外とも各方面に十分な配慮をしたと思います。

首相秘書官を務めるにあたっての気持ち

——話は前後しますが、折田さんは、宇野宗佑総理に続いて一九八九年八月から海部さんの秘書を務められた。一国の総理の秘書を務める覚悟とは、どんなものでしたか。

私は外務省から派遣された首相秘書官ですから、担当は外交でした。外交関係に関する情報で、総理が知らなければならないことは必ず耳に入れるようにする。それから、総理がどういう考え、意見をお持ちなのかということが外交担当の人たちにきちんと伝わるようにすることが、重要な仕事だと思っていました。

外交関係というのは、世界中で、いつ、何が起きても不思議はない。日本が夜で寝静まっていても、世界のどこかは昼ですから、夜電話がかかってくることもしょっちゅうでした。土日も関係なかったですね。そういう意味ではいつも気の抜けない日々でした。

それから、総理大臣が外交関係者と会う機会が随分ある。日本の方なら、急に面会に来られても総理も分かっている。けれども、外国の方は必ずしもそうでない。今度来られる人は、その国でどういう地位を占め、どういう関係の人かということを、私自身よく知らない場合があるので、事前によく調べて、関係者から事情を聞いて、それを手短に総理にお話申し上げるのも重要な役割でした。

外国に行くときは必ずお供しました。外国に行くと、飛行場に着いてから出発までの間に、いろいろなセレモニーがあります。お迎えの人が来ていたりして。ですから、飛行場に着く前の機内で、飛行機を降りるとこういう行事があって、誰々が迎えに来ていますよ、そこではこういうセレモニーがありますよ、ということをご説明して、間違いのないようにする。

それから、例えば、ちょっと忙しいけど、この後すぐに夕食会になりますと。セレモニーから夕食会までの間は、全然時間がありませんとかね。その間に、人に会う機会はありませんが、服装はそのままでいてくださいとか、そういうことを含めてアドバイスする。いろいろな部分で黒子《くろこ》をやっていました。

――勤務時間やプレッシャーを考えると、外交官人生でも最もきつい時期だったと。

そりゃあきついですね。自分の時間がとれないから。いつ休めばいいのかも分からない。総理が休めそうなときに休みをとるようにするけれども、じゃあ本当に休めるかというと、そういうときに限って、事件が起きたりする。「サンデー俊樹」なんて言われて、日曜日に突発的な事件が起きて対応せざるを得なくなる。土曜日とか日曜日によく資料を持って官邸やら公邸、私邸に出かけていきましたよ。家族には協力してもらった。息子は大学生だったけど、息子に運転してもらって官邸まで連れて行ってもらったこともありました。

私は海部さんより十一歳年下です。海部さんは五十八歳で総理になられ、私はそのとき四十七歳。五十八歳は相当若い。昭和生まれで初めての総理大臣でした。

1989年9月、海部総理就任後初の訪米。中央奥が折田正樹さん

初対面の印象

——初めて海部総理に会った印象は。

政治家らしくない政治家だと思いました。若く、はつらつとして。顔は存じ上げていたけど、お話ししたことはなかった。宇野総理から海部総理に代わって、普通は総理と一緒に秘書官も代わるものですから、「お役御免だな」と思ったわけ。やれやれと。ところが、海部さんが総理になるのが急だったこともあって、外務省から「秘書官をそのままやってください」と言われた。総理の方も「秘書官は誰がいいだろう」、なんてじっくり考える余裕もなかったでしょうね。

総理指名の日は、衆議院こそ海部さんが指名されましたが、参議院は第一党を占めていた社会党の土井たか子さんでした。だから時間がかかって、夕方遅くに海部さんが最終的に総理に指名されて官邸入りされた。そこで私たちはみんなで一緒に総理をお迎えした。じっくりと話をしているひまもない。まずはお偉方が集まって組閣ですからね。秘書官の最初の仕事は大臣の呼び込みですよ。

夜遅くに、何々先生のところに電話して、「こちらは官邸。総理大臣秘書官、折田ですけれど、海部俊樹総理大臣が何々先生に官邸にお越しくださいといっておりますので、よろしくお願いします」と。すると、電話口の後ろから「バンザーイ」という声が聞こえる。そんなことをやっていましたから総理とじっくり話しているひまはないです。

——ある程度閣僚が誰になるか予想されていても、やはりバンザイなんですね。

「多分なるかもしれないな」と思っていても、やっぱりバンザーイですね。当時は各派閥の長が、派閥所属の議員に「お前は（閣僚候補の）リストに載っているぞ」なんて言ってあるのでしょう。けれど、何大臣とまでは言われてない。何大臣というのは官邸で初めて言われる。まずは呼び出しを受けない限りは大臣になれない。それぞれの議員の事務所には、それぞれの大臣用のモーニングがつるしてあった。組閣後、認証式があり、また、写真を撮らなければならないからね。

——当時の有力政治家は、威圧感というか、親分的な雰囲気を醸し出している人が多かったですか。

「俺は偉いんだぞ」という感じの人が結構多かったですが、海部さんにはそういうところが全然なかった。だから世間に受けたんだと思う。自民党はリクルート事件などでイメージが悪くなっていたこともあって、清廉な印象の海部さんが担ぎ出されたのだと思う。海部さんは、特に街に出るととっても人気があった。「海部さーん」と呼ばれると、しきりに手を振っていましたね。田中角栄さんもよく手を振っていたけど、少し威張っているような雰囲気もあった。海部さんは、そういうところはなかったですね。

——海部さんの人柄を示すエピソードは。

二十九という数字にこだわっていました。昭和二十九（一九五四）年に早稲田大を卒業して、一九六〇年の第二十九回総選挙で、全国最年少の二十九歳で初当選。当時の早大雄弁会の祝賀会で「二十九年後、天下を取る」なんて宣言していたそうです。

総理になってからの総選挙の日は、二×九＝十八で、（一九九〇年二月）十八日でしょう。実は、そんな風に決めていたんですよ。

あと、好きだったのは水玉模様のネクタイ。官房副長官だった一九七五年の「スト権スト」では、国鉄労働組合の闘士とテレビで喧々がくがくの議論をかわした。海部さんは官邸に泊まり込みで、いつも同じ水玉のネクタイをしてテレビに出るものだから、全国のファンが水玉のネクタイを送ってくれた。それからずっと身につけているという話がある。実際ほとんど水玉だったね。

われわれ世代の感覚に近いなと思ったのは食べ物です。昔の政治家は料亭で会合を開く。海部さんは、料亭に行って、芸者の接待を受けるなんていう会合はほとんどなかった。国内で行くのは、中華とかイタリア料理屋。イタリアを訪問したときは、サバティーニという日本にあるイタリア料理屋の本家本元に行きました。おおむね割と凝った料理屋さんに行った。

外国でも、政治家らしくないんですけど、オイスターバーに行ったり。ミュージカルのオペラ座の怪人や、オペラの蝶々夫人、それからボストンポップスを見に行ったり。官邸のお別れ会の会場が東京ディズニーランド。ちょっと普通の政治家と感覚が違う。早稲田出身だけどバンカラじゃない。おしゃれなほうだった。

あとは、しゃべりが上手。難しい話を易しく、分かりやすく言う。それは大変な能力だね。自民党の重鎮だった金丸信さんの言うことがあんまり大ざっぱだということで「アバウトスキー」とあだ名をつける。私らからすると、「え、金丸さんにそんなことを言っていいの」ということを平気で言う。元総理の大平正芳さんのまねをし

1991年11月2日、海部総理退陣に伴う官邸の慰労会で訪れたディズニーランド

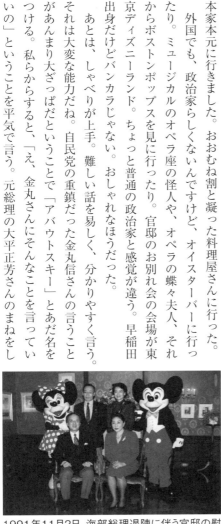

て、「あー、うー」なんてやるしね。おもしろい。性格はオープンで、人の話も聞く。そこが少し違う。

退任

――政治改革三法案を議論する中、党内からの反発に遇って、一九九一年十一月に退陣を余儀なくされる。海部さんがお辞めになるとき、どう思われましたか。

海部さんは、秘書官の前では淡々とされていた。でも、後で話を聞くと、随分苦悩していたみたいです。一時期は寝られなかったとか。われわれにはそこまで分からなかった。党内の反発を受けたとき、解散、総選挙に持ち込む手もありましたが、「自分は民主主義の国にいるのだから、独裁者じゃないんだから、解散はしない」という風に言ったと当時の報道に出ている。私らの前ではそういうことは言わなかった。

私から見ると、残念だと思ったのは、海部内閣でPKO法案を出して、まだ審議が途中だった。結局海部さんの次の宮沢喜一内閣で実現する。あれを海部内閣で成し遂げさせてあげたかった。湾岸戦争で、日本は国際貢献をしていないと各国から随分批判されて、その苦労の末に生まれたPKO法案ですからね。

あとは、ブッシュ大統領の訪日までやらせてあげたかった。海部さんがお辞めになったのは、ブッシュ大統領訪日の日程が議論されているときだった。

ブッシュさんは大統領になってすぐ、まだ海部さんが総理になる前の一九八九年二月、昭和天皇の大喪の礼に米国から飛んできてくれた。

海部さんが総理になって一カ月後の八九年九月、海部さんが訪米したとき、「ぜひ日本に来てください」と言った。そのとき、ブッシュ大統領は「ぜひうかがいたい」と応えた。大統領夫妻はその後、海部さん夫妻を米国東海岸のケネバンクポートの別荘に招待してくれた。そういう経緯があったので、ぜひ温かく日本にお迎えしたいと思っていた。それで、どうやって大統領訪日の話を進めるかという議論が始まったとき、海部さんが総理をお辞めになった。

あとは、ソ連が一九九一年十二月に解体して、今後どうなるか分からないようなときだった。ゴルバチョフ大統領との関係も良好で、よくやりとりしていた海部さんですから、解体後のソ連の行く末も見届けたかったのではないか。

国内の権力闘争の激しさ

――そうした希望を叶えさせられないほど、自民党内の権力闘争が激しかったのですね。

国内の権力闘争は熾烈なものがありました。当時は、自民党の不祥事がたくさん表に出て、内部の融和もうまくいっていなかったので、もしかすると党が終わってしまうかもしれない、分裂しかねない、という厳しい時代でした。

――海部さんは、「分かりやすくきれいな政治」をモットーに、選挙制度改革や政治資金規正法などの改正を進めようとした。それが自民党の重鎮にとって、自らの議席確保を危うくする恐れがあったことと、海部内閣による長期政権を阻もうとする一部議員の反発が合わさって、党内政局が巻き起こりました。あれだけ高い支持率を保ちながら、自身が一番やりたかったことに着手したことで、党内の反発を招いた。

とても残念だったと思う。海部内閣ができたとき、海部さんは先輩方から「君は内政に力を入れろ」と言われたに違いないのです。最初の総裁選挙のときの党員に対するスピーチを見ても、外交のことにほとんど触れていない。私は外務省から内閣に出向した秘書官だったけど、周囲から「お前はいいなあ。これからは内政の時代だから官邸でゆっくりしておれや」なんて言われてね。ところがどっこいで、内政を考える時間がないくらい、外交が忙しかった。内政という本ちゃんの仕事を最初にやっていたら、海部内閣のたどった道も違ったのかもしれないけど、それをやる時間がないくらい外交が忙しかった。

――総理就任当時の内政の課題とは。

政治改革とか、(竹下内閣で導入後、国民の反発が強かった）消費税の問題とか。主要課題は内政で、外交は大したことはないという雰囲気だった。内政ががたがたしていた。

片や外交では東西冷戦が終結しつつあって、構造的には非常に大きな動きだった。けれど日本の国内政治から見ると、それがあまり感じられていなかったのですね。米ソが雪解けして、平和な時代が来ると思われていた。けれど、中東で思わぬ火の手が上がった。

――海部政権を振り返ったとき、国内的にも国際的にも転換期、激動期だったと思いますが、海部さんはどんな総理だったと言えるでしょう。

海部さんはこんなことをおっしゃっていた。日本は世界有数の経済大国になったけど、お金の部分で大きくなったのであって、これからは心の問題だと、お金で豊かになっただけでは済まなくて、心でも豊かにならないといけない。内政部分ではいろいろな不公平や不正義をあらためていかなければならない。教育の不平等などにも手をつけていかないといけない。

国際的には、今まで資金面で世界に貢献してきたけれど、それで済む世の中ではなくて、日本は責任ある立場になったのだから、これまでの役割に安住してはいけない。相応の政治的な役割を果たさなければいけないんだと。的を射ていたと思います。

——当時の新聞や本には、海部は指導力不足だったとか、そういうことも書いてあります。

マスコミの報道に影響されているのですよ。マスコミは当時、有力政治家の言うことをそのまま書いているところがありましたからね。有力政治家の子分たちも、またいろいろ言うわけです。政界牛若丸みたいな、あっちにひらひら、こっちにひらひらしながら悪口を言っている人もいた。冷静に見たとき、悪い総理だったなんて私は思わない。

国民の感覚に近かった。そして、きちんと説明していた。威張るのではなくて、説明しながら実施していった。湾岸戦争を含めて海部さんに徹底的に反対した社会党は、その後なくなったじゃないですか。

国民の中で、「海部に任せておけばそう無茶なことはしないだろう」という安心感があった。だから、あの支持率だったのだと思う。

——橋本龍太郎さんとか小泉純一郎さんのように、インパクトが強い方ではない。

確かに、とがったところはないですよね。

海部さんは総理を退任した後、党を移られたでしょう。だから自民党から無視された時代もあった。それで損している部分があると思う。終生自民党の人から見ると、「何だ」と反発されるところはある。でも、自民党を出た後、他党の人から「党首になってください。お願いします」と言われるぐらいの人望もあったわけです。小沢一郎さんに振り回されちゃったところはありますけどね。

――折田さんにとって、海部総理を支えた二年三カ月というのは。

とてもいい経験でした。海部さんも、海部さんのご家族も私をとても大事にしてくれました。例えば、海部さん一家が、ブッシュ大統領の米東海岸ケネバンクポートの別荘に招かれたとき、秘書官の私も連れて行っていただきました。そうしたすべての出来事が、今でもかけがえのない思い出になっています。

1991年7月、ブッシュ米大統領のケネバンクポートの別荘にて（左から海部夫人の幸世さん、海部氏、大統領、長男正樹さん、折田正樹さん）

出版までの経緯

垣見洋樹

「海部俊樹回想録」は中日新聞紙上で連載記事として二〇一四年六月二十四日に始まり、翌一五年三月二十五日までの間、第一章から第九章まで、章ごとに間隔を開けて掲載し、計五十七回続けられた。この本「海部俊樹回想録　自我作古」では、その記事と写真を一部加筆、修正して収録し、海部氏が総理を務めた当時の秘書官のインタビューや年表を付け加えた。また編集段階で、海部氏から「新聞紙面で語り足りなかったことがある」という旨の要望を受け、「語りきれなかった思い出」の章を、新たに設けた。以下、取材や執筆、出版までの経緯を記す。

企画の発案

海部氏の回想録は二〇一三年秋、中日新聞名古屋本社社会部の愛知県政担当だった内田康記者が発案し、編集局に提案したことに端を発した。内田記者は名古屋や東京で政治取材に長く携わったベテラン。中日新聞のお膝元、愛知県から輩出した戦後唯一の総理大臣で、すでに政界を引退していた海部氏に政治家人生を振り返ってもらえば、歴史の貴重な記録になると考えた。

社会部内で企画の具体化が決まったものの、内田記者は本社内勤となり、当時愛知県政担当だった筆者が企画の内容に興味を持ち、希望して取材、編集に当たることになった。

海部氏への提案

一三年秋、東京・永田町の海部事務所に回想録の企画を打診したところ、前向きな回答をいただいた。しかし、他のメディアから同様の企画の持ち込みがあるため調整が必要なこと、海部氏が入院中のため、取材開始は翌年以降になることを告げられた。

また、海部氏の事務所から「なぜ政治部でなく、社会部の記者が担当するのか」との問い合わせがあった。氏は長年、政治部記者の取材に慣れていたこと、社会部といえば事件事故や不祥事の取材をするイメージがあり、どんな取材が行われるのか心配したとのことだった。筆者が「中日新聞の名古屋本社には政治部がなく、社会部記者が東京で言う政治部記者の役割も果たしている」との旨回答し、疑問は解消した。

他のメディアとの調整については、海部事務所から経過について明確な報告はなかったものの、最終的に中日新聞の企画が採用されることになった。

取材開始まで

海部氏は二〇一三年秋の時点で八十二歳と高齢だった。入院していたのは、胆のうの腫瘍を取り除くためだった。治療方針をめぐり、開腹して胆のうを切除するか、投薬によって治癒するかという選択肢があり、医師や海部氏が判断するのに時間を要した。

海部氏は前年にも大きな手術を受けていて、二年連続で体にメスを入れることに、体力的に耐えられるかどうかが懸念された。前年の手術は、心臓に近い血管が弱っていたため、右腕の血管を一部取り出して付け替える「バイパス手術」だった。これは無事に成功していた。

胆のうの治療は、腹部を切開して胆のうを摘出する方法がとられ、これも無事成功した。

腹部に十字の手術跡ができた海部氏は、のちのインタビューで、「（浄土宗の学校である）東海中学卒業の仏教徒が、胸に十字架を入れられてキリスト教徒になっちゃった」「フランケンシュタインみたいだろう」などと冗談を言った。

胆のう治療が長引いたため、当初一四年一月からだった取材予定は延び、新聞社内でも海部氏の容態を心配する声が出た。結局、最初のインタビューを行ったのは五月八日となった。

インタビューの様子

インタビューは月二回、木曜日に筆者が名古屋から上京し、午後二時から約二時間行った。場所は東京都千代田区永田町のマンション上層階にある海部事務所だった。

事務所は、秘書らの作業部屋を含め四室あった。最奥部にある海部氏の執務室は最も広く、本人用の机と来客に対応する大きなテーブルがあった。インタビューはここで行った。南東角の執務室は、窓際から国会など東京の中枢が見渡せる上、豊かな陽光が差し込む、抜群のロケーションだった。

そこには毎回、中日新聞政治部記者、ワシントン特派員などを務めて引退された佐久間紀行氏と、海部氏が自民党総裁時代に秘書役を務めた松本彧彦《あやひこ》氏に都内から駆けつけていただいた。二氏の同席は海部氏の要望で、政治取材経験の乏しい筆者に、時代背景などを解説していただくためだった。

佐久間氏は海部氏が所属した三木派（三木武夫元総理の派閥）担当が長く、海部氏とは旧知の間柄だった。松本氏は自民党本部職員を長く務め、海部氏はもちろん、日本の政界全般に通じた人物だった。インタビューの途中、両氏からは出来事の背景、事情のほか、表沙汰になっていないさまざまな政治家の不祥事、または政治家同士の友情や確執なども解説いただき、回想録の内容を正しい方向に導いていただいた。

取材開始の前には、海部事務所から筆者あてに関連資料を大量に送っていただいた。その中には、佐久間氏が以前、海部氏にインタビューした内容を印刷した「インタビュー　海部政権回想」一～八巻や、政策研究大学院大学（東京都港区）による「海部俊樹（元内閣総理大臣）オーラル・ヒストリー」の上下巻など、充実した内容の資料が多く、質問づくりや、事実の確認に役に立てさせてもらった。

また、二時間に及ぶインタビューの後半には、海部氏秘書の長谷川倫秀氏らスタッフにコーヒーをいれていただいた。緊迫した内容を聞くことも多かったが、この休憩が緊張のほどける瞬間だった。

長谷川氏には、随時必要な資料を提供していただいたり、大量に保管されている海部氏の写真の中から必要なものを探し出したりしていただき、大変助けられた。

取材、執筆の手順や心構え

記事は、海部氏が話した内容を筆者が取捨選択して独白の形とし、その途中に、状況説明のための通常の文章（地の文）を差し挟む形をとった。掲載は中日新聞の「県内版（愛知県内版）」で、一回につき、一行十字詰めで百行、写真一枚という体裁とした。

当初から海部氏には、インタビューをまとめて最終的に書籍にする予定であることを伝えてあった。海部氏は、自らの半生を振り返る書籍が「政治とカネ―海部俊樹回顧録―」（新潮社）の一冊のみで、新書だったことから、「総理経験者にふさわしい、重みのあるハードカバーの本を一冊したためたい」という思いがあり、書籍化には前向きだった。

この前提は筆者にはやりがいにも、重荷にもなった。「書籍化する以上、連載を途中で打ち切る訳にいかず、各回の内容を充実させ、日々の新聞に載せ続けなければならない」ことが使命になった。

読者に日々連載を読んでいただく工夫として、特に導入部の第一章では、海部氏や関係する人物が記事の中で、動いていることが目に見えるよう心がけた。いくら大物政治家でも、自説を滔々と述べるだけの独白では、読者の興味を引き続けるのは難しい。海部氏をはじめとする登場人物が紙面の中で躍動していれば、連続ドラマのように感情移入しやすくなると考えた。幸い、海部氏は過去の出来事を細かく覚えていたので、場面の再現はしやすかった。

取材、執筆を進める上で役に立ったのは、各章、各回の内容を大まかに記した「コンテ」だった。総理まで務めた政治家の半生は、さまざまな年代に、多岐にわたる出来事が複層的に起きているため、途中でどこの何を取材しているのかが分からなくなる。そういう時、コンテを開けば、次何を取材すべきなのか、どんな出来事を一回分の記事にまとめようとしていたのかを素早く確認できる。コンテは航海での海図のような役割を果たした。

月二回のインタビューの前に相当量の資料を読み込んだ上で海部氏に質問書を提出し、取材と取材の合間に執筆する作業は時間との闘いでもあった。特に連載開始当初は一連のルーティーンに不慣れだったこともあって、かなりタイトなスケジュールとなった。平日の昼間は愛知県政担当記者としての仕事もあったため、回想録の準備や執筆は、自宅に持ち込んで土日や平日の夜を中心に進めることになった。

インタビューは最終的に計二十回、およそ四十時間に及んだ。記事になったのは、海部氏が実際に話したほんの一部である。ちなみに、県内版で毎回掲載された「海部俊樹回想録」というワッペンは、海部氏の直筆を画像に取り込んで活用した。

海部氏の印象

いざ、取材を始めたときの海部氏は、終始温和な物腰で、四十歳も年下のインタビュアーを前にしても、居丈高に振る舞うことは一切なく、「あのねぇ」と親しげに語り始めるのが常だった。声は太くてよく通り、聞き取りやすい。大きな手術を二度も経た小柄な体躯の、どこから出てくるのかと思うようなはっきりした声だ。これは政治家として、聴衆を引きつける上で大変有効な特徴だったに違いない。

インタビューの際、海部氏は片耳に補聴器をつけていた。補聴器の電池が切れて、周囲の声が聞こえなくなると、話がかみ合わないことがあったが、通常は細かいコミュニケーションが十分とれる状態だった。

驚きの記憶力

筆者が感心したのはその記憶力だった。インタビューを行う前には、五～十問程度の質問を提出していたので、海部氏自身、事前に資料を読み込んで記憶を呼び起こしてあったのかもしれない。それにしても、若い頃から晩年に至るまで、ほとんどすべての年代の出来事を鮮明に覚えていらっしゃった。失礼ながら、八十歳を超えた方の記憶力とは思えないほどで、古い話を、筋道立ててしっかりと話された。

印象的だったのは、海部氏がそれぞれの時代に覚えた歌を披露したことだった。あるときは、旧制東海中学時代に明照殿《めいしょうでん》という講堂で歌ったと言って「明照殿の栄光は、いとまさやかに輝けり、いとおごそかに輝けり」と歌ってみせた。

さらには、日独友好議員連盟の催しで出かけたドイツで、ドイツの国会議員にこっそり教えられたナチスの行進曲を口ずさんだ。

またある機会には、韓国の盧泰愚《のてう》元大統領と会談したときに海部氏が披露した一九四一年の韓国の流行歌「テジエハング（大地の港）」を「シジーマルゴ、シジルマルゴ、タルピッセ、キルル、ムロー（休まずに、休まずに、月に道を尋ね）」と流ちょうに歌った。そうした細かな記憶の数々は、海部氏が過ごした時代をイメージするのに役に立った。

海部氏の記憶力が良い理由として筆者は、海部氏が政治活動の中で時間と労力を費やした街頭演説による作用が大きいのではと考える。海部氏は、いつ、どこで、どんな人に対して、何を話せば、聴いてもらえるかを常に意識していたという。日ごろ身の周りで起きたことを頭の引き出しにしまって整理し、いざ聴衆を前にしたとき、頭から引っ張り出し、組み立て、話す作業を、衆院議員時代に五十年も繰り返したため、さまざまな記憶が頭に定着したのではないか。

海部氏自身、こんな風に語っている。

「だいたい、どこへ行って話しても人は集まってくるなあ。あの話、この話と考えて話すから。社会的なトピックスとか、その地域が抱える問題だとかね、そういったことをよく定点観測して、リサーチしておいて、積極的に触れるようにすると、聴いてくれるよな。全然ピントが外れたことを言っとってはいかんけど。
やっぱり、僕らは紙（の原稿）を読んだりする演説じゃないから、鍛えられている。（国会議員になって）途中からは、日ごろインプットしておいたことをしゃべるようになった。しゃべれば反応が分かるから、あ、この話は受けるな、じゃあこれをもっと詳しく言おうとか、こんな話はあんまり興味を持って聴いていないから、もうやめたらいいとか、その場その場で頭を整理して、詰め込む内容を変えていかなきゃ、とても務まらなかったと思うよ」

常に聴衆を意識していたという海部氏の話は、流れがよく、分かりやすく、往々にして落ちがつく。回想録執筆の際、記事の構成をあれこれ考えて頭をひねらなくて済むため、大変ありがたいことだった。ちなみに、海部氏の演説の才能をうかがい知る興味深い証言があったので紹介したい。愛知1区選出の衆院議員で、海部氏が首相だった当時の秘書、熊田裕通《ひろみち》氏によるものだ。

小学校時代から政治家を目指していた熊田氏は、将来の自分の肥やしにするため、演説の名手と言われた海部氏の街頭演説を数回分、カセットテープに録音して聴いてみたという。結果は意外にも「何がすごいか分からない」というものだった。

ただし、けなしているわけではない。熊田氏自身、録音時には街頭の聴衆とともに演説に聴きほれていたという。ところが、テープで聴いてみると、そのときの盛り上がりがうそのように感動がなくなっていた。

熊田氏は何度もテープを聴き、こんな結論に達した。「きっと海部さんは、場の一瞬の空気に合わせてしゃべっている。聴衆を盛り上げるのは、発する言葉の内容だけじゃない。だから、その場で聴かないと良さが分からない。反復して聴いて、海部さんの演説をまねようと思っても、決してその域に達することはできないでしょう」

言葉の良さもあると思うが、聴衆の反応に合わせた絶妙な身ぶり、手ぶり、そして目配せ。そうしたものが一体となって場の空気をつくる。奥の深い名人芸の世界なのだろう。

突然の総選挙

海部俊樹回想録は第一章から第七章まで順調に掲載された。当初は二〇一四年末までに全九章分を掲載し終える予定だった。しかし、安倍晋三首相が二〇一四年十一月十八日に解散、総選挙を宣言し、筆者を含む愛知県政担当の記者は選挙取材にかかりきりになったため、回想録の執筆作業は滞った。このため、一四年十月二十五日に最終回を掲載した第七章以降、回想録は中断することになった。総選挙の後は愛知県知事選があり、さらに統一地方選と続いた。このため、執筆の再開は厳しいものとなった。

年明けに海部事務所から筆者に「回想録が第七章で止まったままになっているが、どうなっていますか」という連絡があった。忙しさのため、つい海部氏への連載中断の連絡を怠っていた。しかし、時期はずれても最後の第九章まで予定通り続けるつもりだったので、連絡を怠ったことを謝り、少し時間をいただくようお願いした。

回想録が新聞に掲載されると、いつも海部氏の支持者から海部事務所に「記事を見た」との連絡が入っていたという。連載中断によって、海部氏や記事を心待ちにしていた方々に迷惑をおかけした。

相次ぐ選挙が落ち着いた二〇一五年二月中旬から回想録の執筆作業を再開。第八章を二月二十五日から開始し、第九章の最終回を三月二十五日に終え、九カ月にわたった連載は終焉を迎えた。

連載を終えて

今回の取材および執筆は、記者として大変貴重な経験となった。一つには一国の総理まで務めた、経験豊かな人物の生涯を振り返ることで、人生についてまわる喜びや悲哀、教訓を追体験できたことだ。例えば海部氏は第一志望だった旧制愛知一中（現県立旭丘高校）を受験し、不合格となっている。自分の方ができると思い込んでいた友人たちが合格して手をたたく姿を目の当たりにして、人目をはばからず涙を流す。十代で厳しい現実を突きつけられた海部氏は、自分のおごりに気づく。その体験と戒めを、氏は後の衆院議員選挙十六回連続当選という形で生かしたという。

また、名古屋市中心部で生まれ育った海部氏は、米軍機が投下した焼夷弾が実家に直撃した様子を鮮明に覚えている。十四歳で味わった苛烈な体験は、その後の政治家人生で、あらゆる政策を考えるときに判断の基盤になったと語っている。

高級官僚上がりのエリート政治家ではなく、世襲議員でもなく、また地方の名士や富豪でもない、一介の写真店の長男として、庶民の家に育った海部氏だからこそ、二十代で政治を志し、総理を目指した人生の歩みは、人々の共感を得やすいと思う。

回想録を担当してもう一つ良かったことは、海部氏の人生を振り返ることで、日本の戦後政治史を概括的に振り返ることができたことだ。

万年与党だった自民党で長く過ごし、総理まで務めた海部氏が見聞きしたことは、日本の戦後政治そのものだ。労働運動と社会党の台頭、派閥政治、金権腐敗政治、消費税導入、日米貿易摩擦、冷戦終結、五十五年体制崩壊、政治改革、自衛隊の海外派遣、女性の活躍――。そうしたさまざまなキーワードが海部氏の政治家人生を彩り、この回想録にもあちこちに盛り込まれている。

現代に至る政治の流れを読み解く上で、海部氏の人生を振り返ることは有益だろうと考える。

海部氏とは何者なのか

最後に、海部氏や関係者の発言などから、その人物像をまとめたい。

インタビューにいつも同席していただいた松本彧彦氏にはこんな口癖があった。「とにかく先生は、言い訳がましいことは言わない方だから」。

確かに、計四十時間に及んだインタビュー中、海部氏は一貫して饒舌だったが、言い訳がましいことや、めめしいことは口にしなかった。毀誉褒貶の激しい政界で、こうした姿勢を貫くのは容易でなかったはずだ。

海部氏について、総理時代に秘書を務めた長坂康正氏（海部氏の地盤を継ぎ、現在愛知9区選出の衆院議員）はこんなことを語っている。

「先生が総理になられるときの言葉は印象的です。先生は、官房副長官のときや、文部大臣として甲子園で始球式を務めたときのさわやかな評価はあっても、いざ総理になるとき、一国を束ねるリーダーシップの評価では、厳しいものがあった。しかし、先生はこうおっしゃった。『いやぁ、僕という素材は、金でも銀でもなくて、銅かもしれない。けど、削っても削ってもメッキじゃないから。どこまで削っても銅は銅だ。鉛は鉛なんだ』。

この言葉で覚悟が決まったな、こういう考えの人なら必ずやり遂げるなと思いました。腹が据わっている。どうせ総理大臣は命がけでやるんだから。総理だからこうしなきゃいけないとか、格好つけないといけないと思っていたら、もっと早くメッキがはがれて、だめになったでしょう。海部先生には海部スタイル、海部スタンダードがある」

変わらぬ芯を持ち続けたからこそ、あるいは、自分の力を冷徹に見極めていたからこそ、日本政治の激動期に二年三カ月の安定政権を築くことができたのだろう。

海部氏の言葉は、こんな読み取り方もできる。当時の政界には、表向きはきれいごとを言いながら、裏で企業から汚れたカネを貰う、あるいは愛人を囲うといった人物が何人もいた。リクルート事件は典型例で、国民の政治不信は深刻化していた。そうした中、海部氏は「私は裏のある人物とは違うんだ。どこへ出て、誰に何をつつかれようとも、私は平気なんだ」と言いたかったのかもしれない。

いずれにしても、海部氏は虚飾によって自らを大きく、きれいに見せる政治家ではなく、日常と官邸での暮らしをさほど乖離させず、等身大を貫いた。そうした姿勢が、海部内閣の安定した高支持率につながったのだと思う。

一九九一年の湾岸戦争を振り返る言葉も心に残っている。海部氏は微笑みながらぽつりと漏らした。

「当時これを新聞に書いてもらっていたら、もっと支持率が上がったんだけどなぁ」

日本は当時、米国などから求められるまま百三十億ドルもの資金を多国籍軍などに拠出しながら、人的貢献をしなかったために、国際的に評価されなかった、というのが定説になっている。そうした事態を招いた海部総理には「リーダーシップが欠けていた」との評価もつきまとう。

ところが、各種資料をもとにインタビューを進めると、無謀とも言えるほど勇敢だった海部氏の側面が浮かび上がる。それが海部氏とブッシュ米大統領との、詳細は当時公にされなかったやりとりだ。

ブッシュ大統領「英国、フランス、オランダ、オーストラリアは海軍の派遣に合意してくれている。日本も軍事面での支援をお願いしたい」

海部総理「憲法上の制約、国会の論議があり、軍事活動に直接参加することは考えられない」

憲法九条を逸脱しかねない米国の要求をはっきりと断るやりとりは、別の会談でも繰り返された。

海部総理「大統領、日本の憲法には『武力の行使は、国際紛争を解決する手段としては、永久にこれを放棄する』と書いてあるのです。そして、この憲法を日本と一緒につくったのは米国なのです」

筆者は、このようなやりとりがあったことに驚いた。

もしかしたら、海部氏の発言は米国世論を逆なでし、後の日本による巨額の資金拠出という不本意な結果に結びついたかもしれない。

しかし、国の立場を明らかにした上で、いたずらに自衛隊を派遣することを拒否した姿勢は、日本国民に対しても米国に対しても誠実な態度だったのではないか。

太平洋戦争の終戦直後には、日本に平和憲法の制定を求めながら、時代が変われば軍事的な貢献を求めるという、米国の「ご都合主義」的な態度を率直に指摘したことは、勇気ある対応だったと思う。

一方、国内政治を見れば、海部総理は現実的にリーダーシップをとりようがない状態だった。それは、総理になったいきさつからして仕方のないことだ。リクルート事件などの不祥事が相次いだ自民党の中で、クリーンでイメージの良い海部氏は、次の選挙の顔として、党内で圧倒的な力を誇っていた竹下派によって祭り上げられた。

海部氏はまだ五十八歳と若く、弱小の河本派の領袖ですらなかった。年齢的にも、「総理は派閥の領袖から選ぶ」という定石からしても、本来なら選ばれるはずのないタイミングだった。そのため、海部氏は組閣にしろ、政策立案にしろ、国会運営にしろ、あらゆる面で竹下登元総理や、竹下派の金丸信会長にうかがいを立てなければならない立場だった。

このような「竹下派支配」の悲哀が最も現れたのは一九九一年十月の海部総理の退陣表明だった。海部氏は、金権腐敗政治を一掃するため、政治改革関連三法案の導入に着手する。これは、クリーンを旨とする海部氏がもっともやりたかった政策だった。

これらの法案は、当時の中選挙区制から小選挙区制に移行する選挙制度改革を含み、現職の衆院議員が「国替え」を強いられる内容だった。また、企業、団体による献金を原則政党に限る法案、政党に対して国が公的助成を行う法案が含まれていたため、政治家個人が資金集めをしづらくなり、従来のように派閥のボスが資金を集めて所属議員に配布することによって勢力を拡大する「派閥政治」を弱める内容だった。

これには、身内の自民党から反発が起こった。一九九一年九月三十日、衆議院の政治改革特別委員会理事会で、委員長だった小此木彦三郎氏は突如、審議を打ち切った。委員会は三日間、わずか十八時間審議しただけで、国会の会期切れまで四日も残していた。しかも、総理である海部氏に何の断りもなかった。まるで、身内に背中から斬り付けられるようなものだ。

海部氏が政治家人生のすべてを懸けて取り組んだ政治改革は、身内に理解してもらえないどころか、打倒海部政権、竹下派支配の終焉を狙う政争の具にされた。

この当時の心境について、海部氏はこんな風に語った。「夜、床についても自分の考えが理路整然とまとまらない。いろいろな政治家の顔が代わる代わる浮かんでくる。全く良からぬ話だが、もし自分にピストルがあったら、弾が何発残っているか調べて、正確に撃って、反対派をつぶしてやりたいとまで妄想した」

海部氏は56・7パーセントという高い内閣支持率を背景に、事態を打開するため解散、総選挙を企図するが、海部政権を支えていた金丸氏の反対に遭って断念する。

このとき、党内分裂を引き起こしてでも、解散、総選挙に持ち込む手はなかったのだろうか。率直に海部氏に尋ねてみた。以下、原文を引用する。

問い「世論は海部さんに味方していました。自民党が分裂したとしても、他党との連立を視野に解散、総選挙に打って出る可能性はなかったでしょうか」
海部氏「いや、俺はそこんところは、大変保守的な人間だと、自分で反省もするし、海部俊樹の弱さはそこに尽きるかもしれんけれども、なんちゅうかな、(身内を)全部切ってでも、行けーっという田中角栄氏みたいなところは出てこんわけだよな。三木(武夫)さんに近い方だから。日ごろ教育を受けたのが三木さんだから」
問い「海部さんの代で自民党が分裂することになるかもしれないが、民社、公明と連立するとか、そこまでは現実的には考えなかったですか」

海部氏「現実的には考えなかった。そうそう。民社党や社会党と組んじゃったら、にっちもさっちもならんようになるということは、俺の長い議院運営委員長の経験を通じても、肌で感じてることだから、自分の肌が感じたことは、一番正しいことだよね。だから、連立はだめだ、今自民党だって、公明党に振り回されとるでしょう。やりたいことがやれないわけだ。

やりたいことをやって、公明党が『はいさようなら』と言ったら、それっきりだもん。だから、連立ちゅうのは、俺は合わんと思うな」

問い「海部さんはこれまでの自民党の政治家と違う清新な総理で、この人がやる政治改革なら支持してやろうじゃないか、応援してやろうじゃないかという人もいたと思います。もし解散、総選挙をやったとするならば、どうなったと思いますか」

海部氏「それはね、分からんわ。やってみなきゃ分からんわな。今ここで想像、憶測でものを言っとっちゃいかんけど、信念から言ったら、あのときでも世論調査の結果は、まだ50パーセント以上あったんだから、選挙をやっても、これは勝てるなといううぬぼれた気持ちは、あったけれども、いかんせん、自民党を全部引っ張っていくだけの、自信やゆとりはなかったよな」

歴史に、たら、れば、は禁物だ。それでも、解散、総選挙に持ち込んだらどうなっていただろう。もし、大方の身内を敵に回しても、海部氏が自民党を大勝に導いたなら――。次の宮沢内閣が短命に終わり、自民党が分裂を起こし、下野する展開になったことを思えば、余計にそんなことを考えてしまう。

最後に、海部氏が政治家を長年続ける原動力になったことを伺い知る言葉を原文のまま紹介する。

問い「激務の国会議員をよく五十年近く続けられましたね」

海部氏「街頭演説が好きだったからだよ。好きこそものの上手なれということわざがあるけども、早稲田大学の雄弁会で日本中街頭演説をやって歩いたんだから。演説が好きなやつばっかり集まって。だから議員になって、自分の選挙区で街頭演説をやることは、一向に苦にならなかったし、正月なんかはね、陣笠（役職のない一般議員）のころまでは、うちにおっても（居ても）、酒飲む相手がくると一緒に飲まんならん（飲まなければならない）から、逃げちゃえと。だって飲み助が飲むつもりで来てね、座りこまれたら独占されちゃうんだよ。だから『ちょっとごめん』といって、（街頭に）出ていったほうが、正月らしかったんだよな。

それで街頭演説をやって回る。だから、どの街へいくとどの顔があって、どの商売はこんなに大きくなったなあと思ったり、街の移り変わりにびっくりするんだよ。そういうことも、演説のときに使えるわけでしょ。『誰々さんのお店も大きくなりましたねえ』と言って。『私は初め（の選挙）からここへ立たせてもらって、いろいろお話もしてきた』と話し始めると、みんな顔を出すから。そうやって地盤をつくってってたわけだよな」

（中略）

問い「どうやってストレスを発散していたのですか」

海部氏「どうやってと言ったって、街頭演説をやってるのがストレス解消になるわな。社会党と共産党の悪口言っとればストレス解消になるわ」

海部氏が、政界の最高権力に上り詰める上で、最大の武器としたのは演説の力だったと思う。演説が自身のストレス発散にもなるというのだから、まさに政治家になるべく生まれてきた人なのだろう。太平洋戦争で焼け野原となった名古屋市の旧制東海中学で、戦前からの価値観の大転換に戸惑い、勉強に身が入らなかった海部氏に、ときの先生が与えた弁論大会への出場の機会。それが一人の少年を、広い世界へ羽ばたく政治家に成長させるきっかけとなったのだから、人の運命は不思議なものだ。

演説を重んじる海部氏の政治姿勢は、日本の政界に少なからず影響を及ぼしたと思う。海部氏の志した政治とは、大物政治家たちが派閥による数の論理で、密室で何事も決める政治とは対極にある。街に出て、白日の下、堂々と政策を訴える姿は、それまでの政界にない、清新な輝きを放っていたに違いない。

あとがき

海部さんにお目にかかったときの不思議な感覚が忘れられません。そう、あれは昨年五月のこと。弊紙が回想録を掲載するにあたり、担当の垣見洋樹記者や島田佳幸前社会部長と一緒に、東京の事務所を訪ねました。

なんというのでしょう。街を見回せば歩いていそうなごく普通の市民といった雰囲気と一国のトップを務めた人が持つ威厳。にこやかに首相当時の思い出話をされる中で、その二つの顔が入れ替わり立ち替わり、現れる。まるで、二人の人物と話しているかのような錯覚にとらわれました。

もちろん、すでに政界から引退し、気楽な立場であることも関係しているでしょう。でも、ふと思いました。もともと海部さんは両面を持ち合わせた人だったのではないか。普通の市民感覚を持ち続けていたからこそ、リクルート事件などのあおりで、有力政治家が首相候補として不適任とされる中、首相に登り詰めることができた、と。「変わらず普通であること」こそが最大の強みであったのです。回想録の第一話で、それは早速、登場します。リクルートが未公開株の購入を持ち掛けてきたが、既に献金を受け、パーティー券を買ってもらっているから、それで十分だと思ったというくだりです。毒まんじゅうを食らうすんでのところでの判断。まさに、政治の世界に取り込まれない「市民感覚」が後の首相への道を開いた瞬間だったのだと思います。

回想録を読み返すと、まさに海部さんはあの戦争の反省のもとに、政治家として生きてこられたことを強く感じさせられます。自身の体験として語られる名古屋空襲。屋根を突き破って落ちてきた焼夷弾《しょういだん》。全焼した自宅。陸軍少年飛行兵への志願。十四歳で迎えた終戦。それらの体験から、首相として政策を考えるとき「戦争を二度と繰り返してはならない」との思いが「常に根底にあった」といいます。戦争に巻き込まれる危険性を拡大する安保法制の整備を進める安倍晋三首相と、海部さんの言葉。その間の四半世紀の歳月は、この国の最高権力者の考えを変えてしまうのでしょうか。

回想録の編集総括を担当するに際して、垣見記者にお願いしたのは、当たり前ですが、一話に一つは面白いエピソードを入れることでした。海部さんが、腹を割って話してくださるかがポイントでしたが、杞憂《きゆう》でした。回想録は首相経験者しか知ることのできない「秘密の暴露」にあふれています。例えば、天皇陛下の即位の礼に際し、宮内庁の提案に首を縦に振らなかったことはその典型例です。天皇、皇后より一段低い玉砂利の上で首相が待機することを「主権在民」の立場から断り、同じ段上に立つようにしたとの話は興味深い。当時の米大使が社会党最高幹部と会って、「もし政権を取ったら」と尋ねていたという話や、イラクのクウェート侵攻時に、日本の懐事情が米に漏れていた話も驚かされます。

お堅い話のほかにもあります。当時暮らし始めた公邸で、赤茶けたにおう水がお風呂の蛇口から出てきても、国有財産だから自由に直すこともできない。首相が水道管一本を直すことさえ許されないなんて……。

昭和生まれの初めての首相である海部さん。その政治人生を振り返ることは、戦後日本の社会を回顧することと重なりあいます。自分たちが歩んできた道を確かめ、これから日本が進んで行こうとする先が果たして正しい選択なのか、それを考える意味でも、今一度、目を通していただけたら幸いです。

二〇一五年七月

中日新聞　前社会部愛知県政キャップ　有賀信彦

年表

年	月	日	海部俊樹氏のあゆみ	月	日	国内外の動き
一九三一	一	二	父誠也、母富さの長男として誕生	九	十八	満州事変
三六				二	二六	二・二六事件
三七				七	七	盧溝橋事件
				八	一五	日中、全面戦争開始
四〇				九	二七	日独伊三国同盟調印
				一〇	一二	大政翼賛会発会式
四一				一二	八	日本軍が真珠湾攻撃開始、米英に宣戦布告
四二				六	五	日本軍がミッドウェー海戦に敗れる
四三	三		名古屋市立南久屋国民学校卒業	九	八	イタリアが連合国に無条件降伏
	四		旧制東海中学入学			
	四		勤労動員で三菱航空機工場に終戦まで作業従事			
四五	八		一四歳で終戦を迎える	二	四	ヤルタ会談でソ連の対日参戦を決定
				五	七	ドイツが連合国に無条件降伏
				八	六	広島に原子爆弾投下
				八	八	ソ連、対日宣戦布告
				八	九	長崎に原子爆弾投下
				八	一五	日本降伏、第二次世界大戦終結
				一〇	二四	国際連合成立
四六				五	三	極東国際軍事裁判開廷
四七	六		全日本中学校弁論大会で優勝	五	三	日本国憲法施行
四八	三		旧制東海中学卒業			
四九	四		中央大学専門部法科入学、弁論部「辞達学会」入会	一〇	一	中華人民共和国成立
五〇	六		総理杯争奪、全国大学高専弁論大会で優勝	六	二五	朝鮮戦争始まる
五一	三		中央大学専門部法科卒業	九	八	日米安全保障条約調印

年	月	日	海部俊樹氏のあゆみ	月	日	国内外の動き
五二	四		衆院議員河野金昇氏の秘書に			
	四		早稲田大法学部に編入、弁論部「雄弁会」入会			
	一〇		大隈杯争奪、全国学生雄弁大会で優勝			
五三			全日本学生弁論大会で優勝、総理大臣杯を獲得			
五四	三		早稲田大法学部卒業、早稲田大大学院政治研究科に進学	三	一	第五福竜丸、ビキニ米水爆実験で被災
	三		特別国家公務員として河野金昇氏の正式な秘書に	七	一	自衛隊発足
五五				一一	一五	自由党と日本民主党による保守合同、自民党結成
五六				一二	一八	国連総会で日本の国連加盟決定
五七	一一	一七	幸世夫人と結婚			
五八	三	二九	河野金昇氏脊椎腫瘍により四八歳で急逝	一	一	EEC（のちのEC）発足
	四	二〇	河野金昇氏夫人の衆院議員、孝子氏秘書に			
	五	二二	河野孝子氏が衆院選当選			
六〇	一一	二〇	二九歳で衆院選初出馬、全国最年少当選。愛知三区定員三人に八人が出馬し四九七六七票で三位	一	一九	ワシントンで日米新安保条約調印
				六	一五	安保反対デモで東大生樺美智子氏死亡
	一二	一五	自民党青年局学生部長	一一	八	米大統領選でケネディ氏当選
六二	八	一四〜	西独訪問に続き米国務省青年指導者交流計画の招きで渡米、ケネディ大統領に面会	一〇	二二	米国がキューバを海上封鎖（キューバ危機）
六三				一一	二二	ケネディ米大統領暗殺
六四	五		日本青年海外協力隊（平和部隊）構想をまとめ、アフリカを横断調査	四	二八	日本がOECD加盟
				一〇	一〇	東京五輪開幕
				一一	一七	公明党結成
六五	一一	二二	自民党青年局長	六	二二	日韓基本条約を調印、韓国との国交樹立
六六	八	二	三五歳で労働政務次官（佐藤栄作内閣）			

年	月	日	海部俊樹氏のあゆみ	月	日	国内外の動き
	一二	一七	マニラで開かれたアジア労働大臣会議に日本政府代表として出席			
七〇				三	一五	大阪で万国博覧会一般公開開始
				三	三一	日航機よど号事件発生
七二	一二	二二	衆院議院運営委員長	二	三	札幌冬季五輪開幕
				二	一九	連合赤軍浅間山荘事件
				七	七	田中角栄内閣発足
				九	二九	日中国交正常化共同声明
七三				一	一	拡大ＥＣ（英、アイルランド、デンマーク加盟）発足
七四	一二	九	内閣官房副長官（三木武夫内閣）	七	八	田中角栄氏率いる自民党が参院選で敗北
				一一	二六	田中角栄氏が総理辞任を表明
				一二	一	椎名裁定で三木武夫氏を田中氏の後継総裁に指名
				一二	九	三木武夫内閣発足
七五	八	二～	三木総理の訪米に随行し、フォード米大統領との会談に同席			
	一一	一三～	パリ郊外ランブイエでの先進国首脳会議へ三木総理に随行			
	一一	二六～	スト権ストの対応で水玉模様のネクタイがトレードマークに			
七六	六	二四～	プエルトリコ・サンファンでの先進国首脳会議へ三木総理に随行	二	四	ロッキード事件発覚
	九	一五	自民党国会対策委員長	七	二七	ロッキード事件で田中角栄前総理逮捕
	一二	二四	四五歳で文部大臣に（福田赳夫内閣）	八	一九	自民党内に反三木総裁の挙党体制確立協議会発足
				一二	五	衆院選で自民は一六減の二四九議席、過半数割れ
				一二	一七	三木武夫総理が退陣表明
七八				五	二〇	成田空港開港
				八	一二	日中平和友好条約締結

年	月	日	海部俊樹氏のあゆみ	月	日	国内外の動き
七九				一	一	米中国交関係樹立
				五	四	英国で初の女性首相サッチャー氏就任
				一一	四	イランでテヘラン米大使館占拠事件
				一二	二七	ソ連アフガニスタン侵攻
八〇				四	七	米国が対イラン禁輸など制裁措置
				七	一九	モスクワ五輪開幕、日本を含む約六〇カ国不参加
				九	二二	イラン・イラク戦争開始
八二				一一	二五	自民党総裁に中曽根康弘氏選任
				一一	二七	中曽根康弘内閣発足
八三				九	一	ソ連戦闘機により大韓航空機撃墜
				一〇	一二	ロッキード事件で田中角栄元総理に実刑判決
八四				一二	一九	英国・中国が香港返還合意文書に調印
八五	一二	二八	二度目の文部大臣に（中曽根康弘内閣）	二	七	田中派竹下登グループが創政会結成
				八	一二	日航機墜落事故、五二〇人死亡
				八	一三	自民党河本派の河本敏夫氏が事実上のオーナーを務める三光汽船が倒産
				九	二二	ドル高是正協調介入合意（プラザ合意）
八六				四	二六	チェルノブイリ原発事故
八七				七	四	自民党竹下派が経世会結成
				一〇	三一	自民党大会で竹下登総裁を選出
				一一	六	竹下登内閣発足
八八				八	二〇	イラン・イラク戦争停戦
				一一	八	米大統領にブッシュ氏当選
				一一	一四	三木武夫元総理死去

年	月	日	海部俊樹氏のあゆみ	月	日	国内外の動き
				一二	九	リクルート疑惑で宮沢喜一蔵相が辞任
				一二	二四	消費税導入を柱とする税制改革関連六法案が参院で可決、成立
八九	八	八	自民党総裁選で林義郎氏、石原慎太郎氏を破り第一四代総裁就任	一	七	昭和天皇崩御
				四	一	消費税導入
	八	九	第七六代内閣総理大臣、初の昭和生まれ	四	二五	リクルート問題で竹下登総理が予算成立後の総辞職表明
	八	三〇〜	米国・メキシコ、カナダを訪問	六	二	自民党両院議員総会で宇野宗佑総裁選出、宇野内閣発足
	九	二〇	訪日したサッチャー英首相と会談	六	四	天安門事件
				六	七	米紙が宇野宗佑総理の女性スキャンダルを紹介
				七	二三	参院選で自民惨敗、「リクルート、女性問題、消費税」で逆風
				七	二四	宇野宗佑総理が退陣表明
				八	二四	山下徳夫官房長官の女性問題が発覚
				八	二五	山下官房長官辞任、森山眞弓氏に交代
				九	四	日米構造協議開始
				一〇	一	海部内閣発足後初の選挙となる参院茨城補選、自民候補が勝つ
				一一	九	ベルリンの壁取り壊しがはじまる
				一一	一四	田中角栄元総理が政界引退表明
				一一	二二	愛知県一宮市長選で海部俊樹氏が推した神田真秋氏当選
				一二	二	米ソ首脳がマルタ会談、冷戦終結宣言
九〇	一	九	西側の首相として初めてベルリンの壁を視察	一	二四	衆院解散
	一	一二〜	衆院総選挙のため全国を駆け回って演説	三	一五	ソ連初代大統領にゴルバチョフ氏選出
	二	一八	衆院選で海部氏率いる自民党が二七五議席獲得	四	二六	衆院への小選挙区比例代表並立制導入を盛り込む選挙制度審議会の第一次答申
	二	二八	第七七代内閣総理大臣、第二次海部内閣発足			

年	月	日	海部俊樹氏のあゆみ	月	日	国内外の動き
	三	二～	訪米し、ブッシュ大統領と会談	六	二八	日米構造協議決着
	五	二四	訪日した韓国の盧泰愚（の・てう）大統領と会談	八	二	フセイン大統領率いるイラク軍がクウェートを武力制圧、湾岸危機発生
	七	九～	ヒューストンでの先進国首脳会議に出席			
	七	二九	初のお国入り	八	二四	イラクが在クウェートの日・米・英大使館を包囲
	八	一	夏休みで群馬県の万座温泉へ	八	二九	日本が民間航空機、船舶の借り上げによる食料、医療品等の中東への輸送決定
	九	二九	ニューヨークでブッシュ米大統領と会談			
	一二	二九	第二次海部改造内閣発足	八	三〇	日本が中東の多国籍軍支援の第一次拠出金一〇億ドル決定
				九	七	ブレイディ米財務長官来日、日本に湾岸周辺国への資金援助求める
				一〇	三	東西ドイツ統一
				一〇	一六	国連の平和維持活動への人道的協力を可能にする国連平和協力法案提出
				一一	四	参院愛知補選で自民の大島慶久氏勝利
				一一	八	国連平和協力法案が審議未了で廃案に
				一一	一二	平成天皇即位の礼
				一一	二九	国連安保理が対イラク武力行使容認決議、期限は翌年一月一五日
九一	一	九～	訪韓し、盧泰愚大統領と会談	一	一七	多国籍軍がイラクを爆撃、湾岸戦争勃発
	四	三～	訪米し、ブッシュ大統領と会談	一	二四	日本が中東の多国籍軍への追加支援九〇億ドルを決定
	四	一六	訪日したゴルバチョフソ連大統領と会談	二	二四	湾岸戦争で多国籍軍が地上戦に突入
	四	二七～	ASEAN五カ国歴訪	二	二八	湾岸戦争で戦闘停止
	五	二七	国連軍縮京都会議で通常兵器の移転報告制度を提唱、参加国の同意得る	四	七	統一地方選で自民党が過去最多の議席を獲得 都知事選で自民党東京都連に対抗した小沢一郎自民幹事長が推した磯村尚徳氏が敗れる
	七	一〇～	訪米し、ブッシュ大統領と会談			

年	月	日	海部俊樹氏のあゆみ	月	日	国内外の動き
	七	一五	ロンドンでの先進国首脳会議に出席	四	八	都知事選の引責により小沢一郎自民幹事長が辞任、後任に小渕恵三氏
	八	一〇～	中国・モンゴル訪問			
	九	二五	金丸信氏が「海部続投」を示唆	四	一一	湾岸戦争の停戦が正式に発効
	九	三〇	政治改革関連三法案の廃案を受け、「海部氏重大な決意」と報じられる	四	二四	日本が自衛隊創設以来初の海外実任務となる掃海部隊ペルシャ湾派遣を発表
	一〇	五	総裁選不出馬を内閣記者会で表明	四	二六	掃海艇出航
	一一	五	海部内閣総辞職	四	二六	リクルート事件で離党した中曽根康弘元総理が復党
				五	三一	自民党が政治改革関連三法案の要綱骨子を党議決定
				六	三	雲仙普賢岳で火砕流
				六	二九	自民党が政治改革関連三法案を党議決定
				七	二	政治改革関連三法案の党議決定に対し、自民党総務会が反発
				七	四	政治改革関連三法案の党議決定の撤回を求め三塚、宮沢、渡辺三派所属総務が署名集める
				七	一〇	政治改革関連三法案を閣議決定
				七	一一	東京佐川急便の稲川会系企業への融資が発覚
				八	五	国会に政治改革関連三法案提出
				八	一九	ソ連でクーデター、ゴルバチョフ大統領失脚
				九	一〇	政治改革関連三法案が審議入り、本会議は三日間にわたる異例の長丁場に
				九	三〇	政治改革特別委理事会で小此木彦三郎委員長が「関連三法案は審議未了、廃案」
				一一	五	宮沢喜一内閣発足
				一二	九	国連総会で通常武器移転登録制度を決議

年	月	日	海部俊樹氏のあゆみ	月	日	国内外の動き
九二				一	八	宮沢総理が金丸氏を自民党副総裁に
				五	二二	日本新党発足、細川護熙氏代表
				六	一五	国連平和維持活動（ＰＫＯ）協力法が成立
				八	二八	自民党金丸信副総裁が東京佐川急便からの違法献金を認め副総裁辞任
				九	二八	東京地検が金丸信氏を政治資金規正法違反で略式起訴。罰金二〇万円
				一〇	一四	金丸信氏が議員辞職
				一〇	二八	自民竹下派の小沢・羽田グループが派内で改革フォーラム二一結成
				一一	三	米大統領選でクリントン氏当選
				一二	一八	自民党竹下派分裂、羽田派（四四人）結成
九三	九	三～	両陛下の欧州親善外交に首席随員として同行	三	六	東京地検が金丸信自民党副総裁を脱税容疑で逮捕
				六	一八	宮沢喜一内閣への内閣不信任案が成立
				六	二一	武村正義氏、鳩山由紀夫氏らが自民離党、新党さきがけ結党
				六	二三	羽田孜氏、小沢一郎氏のグループが自民離党
				六	二三	羽田党首、小沢代表幹事で新生党立ち上げ
				七	一八	衆院選で新生、日本新、さきがけが躍進、自民は過半数確保できず
				七	二二	宮沢喜一総理が退陣表明
				八	九	非自民七党一会派による連立で細川護熙内閣発足
				一一	一	欧州連合条約発効
				一二	一六	田中角栄元総理死去

年	月	日	海部俊樹氏のあゆみ	月	日	国内外の動き
九四	六	二九	自民党の村山富市社会党委員長への首相指名投票決定を受け自民党を離党	一	二九	細川護熙政権下で政治改革関連法成立
	六	二九	首相指名選に立候補、自民、社会、さきがけが推した社会党の村山富市委員長に敗れる	四	八	細川護熙総理が政治献金疑惑で辞意
	一二	一〇	新進党結党、初代党首に	四	一〇	NATOがセルビア人勢力を空爆
				四	二五	羽田孜氏を首相指名、新生など五党派が統一会派を届け出、社会党は政権離脱
				六	二三	自民党が内閣不信任案提出
				六	二五	羽田孜内閣が総辞職を表明
				六	三〇	村山富市社会党委員長による自民、社会、さきがけ三党連立政権
九五				一	一七	阪神大震災
				三	二〇	地下鉄サリン事件
				四	九	統一選で新進党が支援した候補が北海道、岩手、三重の知事選に勝つ
				七	二三	新進党が参院選で改選前比倍増の四〇議席を獲得。比例区で自民を上回る一二五〇万票
				九	二二	自民党が橋本龍太郎総裁選出
				一二	二七	新進党首選で小沢一郎氏が羽田孜氏に勝利、海部氏は出馬せず
九六				一〇	二〇	小選挙区比例代表並立制が導入された衆院選で新進党は四減の一五六議席
				一二	二六	羽田孜氏が新進党を離党し、太陽党を結成
九七				六	一二	モナコで開かれた博覧会国際事務局総会でカナダのカルガリーを破り、愛知が開催地に
				一二	二五	政府予算案で中部国際空港の新規事業化が認められる

年	月	日	海部俊樹氏のあゆみ	月	日	国内外の動き
				一二	二七	小沢一郎氏が新進党の解党を宣言
九八	四	一七	無所属の会に合流	一	六	小沢氏が自由党を結成
				七	一二	参院選で自民が大敗、橋本龍太郎氏が総理を辞任へ
九九	一	一四	自由党最高顧問（小沢一郎党首）	一	一四	小沢一郎氏の自由党と自民党が連立
				二	七	神田真秋氏が愛知県知事に初当選、〇三年、〇七年に再選
				一〇	五	政権に公明党が加わり、自自公連立
二〇〇〇	四	三	保守党最高顧問（扇千景党首）	四	一	小沢自由党が連立政権を離脱
				四	二	連立離脱を巡る小沢一郎氏との党首会談後、小渕恵三総理が脳梗塞で入院
				四	五	小渕内閣の総辞職を受け、森喜朗内閣が発足
				五	一四	小渕恵三氏が死去
				六	二五	衆院選で保守党は十一減の七議席
〇一				四	二六	小泉純一郎内閣発足
〇二	一二	二六	保守新党最高顧問（熊谷弘代表）	一二	二六	保守党が民主党離党組を迎え保守新党に
〇三	一一	二一	保守新党の自民党への合流により、自民党に復党	一一	九	衆院選で熊谷弘保守新党代表落選、議員四人に
				一一	二一	保守新党が自民に合流
〇五				二	一七	中部国際空港開港
				三	二五	愛・地球博開幕（九月二五日閉幕）
〇九	八	三〇	衆院選で初の敗北	四	二六	名古屋市長選で河村たかし氏が初当選
				八	三〇	衆院選で自民が惨敗、結党以来初めて衆院第一党の座を明け渡す

●編者略歴

垣見洋樹

かきみ・ひろき／1973（昭和48）年愛知県生まれ。中日新聞記者。千葉支局、岐阜支社報道部、名古屋本社運動部などを経験。海部俊樹回想録担当時は、名古屋本社社会部愛知県政で自民党を担当

編集協力　小池 未樹

海部俊樹 回想録 自我作古《われをもっていにしえとなす》

2015年12月1日　発行

編　者　垣見 洋樹

装　丁　全並 大輝

発　行　樹 林 舎
〒468-0052　名古屋市天白区井口1-1504
TEL: 052-801-3144　FAX: 052-801-3148
www.jurinsha.com

発　売　人 間 社
〒464-0850　名古屋市千種区今池1-6-13
今池スタービル2F　TEL: 052-731-2121
www.ningensha.com

印刷製本　シナノ印刷株式会社

ISBN978-4-931388-95-6　C0031